Norbert Ohler
Elisabeth von Thüringen

PERSÖNLICHKEIT UND GESCHICHTE

Band 114/115

MUSTER-SCHMIDT VERLAG
GÖTTINGEN · ZÜRICH

Norbert Ohler

ELISABETH VON THÜRINGEN

Fürstin im Dienst der Niedrigsten

MUSTER-SCHMIDT VERLAG GÖTTINGEN
ZÜRICH

PERSÖNLICHKEIT UND GESCHICHTE

Biographische Reihe im Muster-Schmidt Verlag
Begründet von Günther Franz und Gustav Adolf Rein
Herausgegeben von Prof. Dr. Günther Franz

Norbert Ohler

Geboren am 17. Februar 1935 in Hamm/W. Nach dem Studium der Geschichte und Romanistik an den Universitäten Frankfurt/M., Freiburg i. B. und Grenoble von 1963–1967 im höheren Schuldienst, seit 1967 Akademischer Rat bzw. Oberrat am Historischen Seminar der Universität Freiburg i. B. Promotion zum Dr. phil. 1970.

Veröffentlichungen u. a.: Deutschland und die deutsche Frage in der ‚Revue des Deux Mondes' 1905–1940. Ein Beitrag zur Erhellung des französischen Deutschlandbildes. Frankfurt/M. 1973. – Quantitative Methoden für Historiker. Eine Einführung. München 1980. – Alltag in einer Zeit des Friedens (1570–1620), und: Speyer in der Zeit der nationalsozialistischen Diktatur, zur Zeit des Zweiten Weltkrieges und am Beginn des Demokratischen Aufbaues (1933–1949), in: Geschichte der Stadt Speyer, hg. von der Stadt Speyer. Stuttgart 1982. – Ferner zahlreiche Aufsätze in Fachzeitschriften und Beiträge zu Festschriften.

CIP-Kurztitelaufnahme der Deutschen Bibliothek

Ohler, Norbert:
Elisabeth von Thüringen : Fürstin im Dienst d. Niedrigsten / Norbert Ohler. – Göttingen ; Zürich : Muster-Schmidt, 1984.
(Persönlichkeit und Geschichte ; Bd. 114/115)
ISBN 3-7881-0114-8
NE: GT

MUSTER-SCHMIDT VERLAG · Göttingen · Zürich

Gesamtherstellung: „Muster-Schmidt" KG., Göttingen

Inhaltsverzeichnis

Meiner Mutter
zu ihrem achtzigsten Geburtstag.

Einleitung

Die Erinnerung an die 1231 verstorbene Elisabeth von Thüringen hat sich über Jahrhunderte bis in unsere Tage lebendig erhalten, wie Ehrungen zu ihrem 750. Todestag 1981 zeigten: Kirchliche Feiern in West und Ost (allein in Erfurt versammelten sich 50 000 Gläubige aus allen Teilen der DDR); ihr zu Ehren gab die Bundespost eine Sondermarke heraus (Abb. 1); ihr Andenken wurde in einer vielbesuchten Ausstellung in Marburg gewürdigt.

Elisabeth wird auch im evangelischen Raum verehrt. Im Festjahr 1931 wurden bemerkenswert viele Mädchen auf ihren Namen getauft, in katholischen *und* evangelischen Familien. Als einzige Frau aus dem Mittelalter wurde Elisabeth in das Sammelwerk „Die Großen Deutschen" aufgenommen; dagegen erwähnt das mit kirchlicher Druckerlaubnis erschienene „Handbuch der Kirchengeschichte" sie mit keinem Wort. Das bis vor wenigen Jahren in der katholischen Kirche gebrauchte Römische Meßbuch brachte nur *ein* Gebet speziell zu ihrem Fest; im übrigen wurde auf Gebete verwiesen, die die Kirche zum Gedächtnis heiliger Frauen spricht, die weder Jungfrauen noch Märtyrerinnen waren. Zeigt sich darin nicht Verlegenheit angesichts dieser Frau? Heilig konnten Jungfrauen sein oder Märtyrerinnen. Elisabeth war weder das eine, noch das andere – und trotzdem wurde sie schon vier Jahre nach ihrem Tode heiliggesprochen.

Gehört eine solche Gestalt in diese Reihe? Nur vier der mehr als hundert Bände sind Frauen gewidmet; aus dem Mittelalter werden sechs Persönlichkeiten vorgestellt: Vier

Kaiser, ein Herzog und Jeanne d'Arc. Diese paßt sicher besser in die vornehmlich Politikern und Militärs, Denkern, Technikern und Entdeckern gewidmete Reihe als Elisabeth von Thüringen. Wer war diese Frau?

Das Leben der Landgräfin von Thüringen zeigt geradezu märchenhafte Züge: Ritter ziehen in ein fernes Land, um eine Königstochter an den Hof ihres Fürsten zu geleiten; dessen Sohn ist sie zur Ehe versprochen. Mit reicher Aussteuer verläßt die Prinzessin ihre Heimat, findet in der Fremde Glück und Leid: Eine glückliche Ehe, gesunde Kinder; Verlust des geliebten Mannes in einem Alter, da heute die Menschen ihr Leben oft erst beginnen; Leid der Witwenschaft; Einsatz für Bedrängte und Behinderte; schließlich einen gnädigen Tod nach kurzer Krankheit – Elisabeth ist gerade vierundzwanzig oder fünfundzwanzig Jahre alt.

Ein Zeitalter des Aufbruchs

Betrachtet man die Quellen zum Leben Elisabeths von Thüringen und ihrer Zeit, so wird das Bild ungewöhnlich farbenreich. In diesem Leben spiegeln sich Widersprüche und Vielschichtigkeit einer unruhigen Epoche. Rechtliche, wirtschaftliche, soziale und religiöse Neuerungen, die in der vorausgegangenen Zeit gewonnen worden waren, trafen zusammen und führten zu Spannungen, die von Elisabeth und vielen ihrer Zeitgenossen durchlitten wurden.

Vielfach ohne Rücksicht auf die alten Stämme entstanden Territorialstaaten mit straffer Verwaltung, versachlichter, bei den Betroffenen auf scharfe Kritik stoßender Finanzwirtschaft; zu diesen neuen Territorien gehörte der Herrschaftsbereich der Landgrafen von Thüringen.

Dank einer nach innen gerichteten Wanderungs- und Siedlungsbewegung waren seit der Karolingerzeit isolierte Siedlungsinseln durch Rodung und Bebauung bis dahin brachliegenden Landes zusammengewachsen. Im 12./13. Jahrhundert expandierte das Abendland. An der von Deutschen, Niederländern, Wallonen, Lothringern getragenen Ostsiedlung lassen sich modellhaft Schub- und Zugkräfte in Europa beobachten: Eine – relative! – Überbevölkerung, ungünstige Arbeitsbedingungen, verschärfter Abgabedruck bewogen Menschen dazu, aus ihrer Heimat abzuwandern in Länder, die ihnen günstigere Lebensbedingungen versprachen. Herrscher im östlichen und südöstlichen Mitteleuropa – z. B. Elisabeths Vater, König Andreas II., und eine ihrer Tanten, Herzogin Hedwig – riefen Bauern, Handwerker, Mönche, Ritter zum Ausbau und Schutz ihrer Länder aus dem Westen nach Ungarn bzw. Schlesien. Auf diese Weise wurden große Teile Ost- und Südosteuropas der abendländischen Kultur erschlossen.

Am augenfälligsten wird der Expansionsdrang Europas in den Kreuzzügen. Anfangs nur als Schutz von Jerusalempilgern gedacht, dann umfunktioniert zur Herrschaftsbildung im Heiligen Land, wenige Jahre vor der Geburt Elisabeths pervertiert zur Eroberung des christlichen Byzanz (1204), bildeten die Kreuzzüge im 11., 12. und noch im 13. Jahrhundert eine Serie von Unternehmen, in denen sich das Abendland seiner Gemeinsamkeiten bewußt wurde, in denen es Byzanz und den Islam im Mittelmeerraum zurückdrängte. Elisabeths Vater nahm an einem der erfolglos gebliebenen Kreuzzüge teil; ihr Mann starb auf dem Weg ins Heilige Land. Fehlschlag des einen, Tod des anderen – nahe Verwandte einer Heiligen waren Förderer und Betroffene einer Bewegung, die aus der Perspektive des Evangeliums uns heute als Verirrung erscheint: Anders als der Muslim ist der Christ nicht zu einer Wallfahrt verpflichtet; noch weniger ist er im Glauben gebunden, an den heiligen Stätten politisch-militärische Herrschaft zu begründen.

Ostsiedlung, Kreuzzüge und andere Expansionsbestrebungen wie die Hanse und die Reconquista in Spanien kosteten Geld, sie hatten die Erwirtschaftung eines höheren Sozialprodukts zur Voraussetzung. Dank der Vergrößerung der landwirtschaftlich genutzten Fläche und der Intensivierung der Landwirtschaft konnten höhere Abgaben eingefordert werden. Diese dienten auch zur Ausrüstung von Kreuzrittern. Im Normalfall wurden die finanziellen Lasten eines Kreuzzuges auf die Unterschicht abgewälzt. Von Elisabeths Gemahl heißt es, er habe diese Ausgaben selber bestreiten wollen, um niemanden schinden zu müssen. Üblich war solche Rücksichtnahme nicht. Üblich war vielmehr, daß Adel und Ritter sich neue Einkünfte zur Finanzierung ihres anspruchsvollen Lebensstils auf Kosten ihrer Untertanen erschlossen. Sie provozierten damit nicht nur den Widerspruch der Betroffenen, sondern auch die Kritik mancher ihrer Standesgenossen, z. B. der Landgräfin Elisabeth.

Wichtigste Voraussetzung für die Expansion Europas war ein erhebliches Bevölkerungswachstum. Man nimmt an, daß sich in den west- und mitteleuropäischen Ländern die Bevölkerung vom 10. bis zum 14. Jahrhundert mindestens verdoppelt hat. Vielleicht darf man es in diesem Zusammenhang als symptomatisch werten, daß die drei Kinder Elisabeths alle das Erwachsenenalter erreicht haben, keines im Säuglings- oder Kindesalter den bis ins 20. Jahrhundert so verheerenden Infektionskrankheiten zum Opfer gefallen ist.

Höhere landwirtschaftliche Erträge und ein starkes Bevölkerungswachstum bedingten einander gegenseitig. Menschen wurden von der landwirtschaftlichen Arbeit freigesetzt, zugunsten von Handel und vor allem Gewerbe. Im 12./13. Jahrhundert sprechen die Quellen – und in diesem Zusammenhang sind auch Eisenach und Marburg zu nennen, Orte, an denen Elisabeth sich aufgehalten hat – von der Gründung und planmäßigen Erweiterung von Städten, von der Verleihung des Stadtrechts an schon bestehende Orte. Die in das Hochmittelalter zurückreichende rechtliche Trennung und funktionale Zuordnung von Stadt und agrarischem Umland sollte das Landschaftsbild Europas bis in das 20. Jahrhundert bestimmen. Straßen- und Brückenbauten im 12./13. Jahrhundert sind Symptome für die große Mobilität von Menschen und den verstärkten Austausch von Waren. In dieser Zeit läßt sich das rasche Wachsen einer arbeitsteilig gegliederten Verkehrswirtschaft sowohl im Mikrokosmos einer Stadt und ihres Umlandes als auch im Makrokosmos von Mittelmeer- bzw. Nord- und Ostseeraum beobachten.

Nicht nur in der Gründungsphase übten die Städte eine

starke Sogwirkung auf das umliegende Land aus. Wegen der dichten Besiedlung mit engen Gassen, in denen Kinder fast nie an die Sonne kamen, wegen unzureichender hygienischer Verhältnisse wiesen Städte jahrhundertelang eine höhere Sterblichkeit als ländliche Gemeinden auf. Ohne ständigen Zuzug vom Umland wären sie im wörtlichen Sinne ausgestorben. Da nicht nur nachgeborene, gesunde, arbeitswillige Bauernsöhne in die Städte drängten, sondern auch – zumal in Notzeiten – Arme, Behinderte, Kranke, Alte, die von ihren Familien nicht mehr miternährt werden konnten, massierten sich hier soziale Probleme. Die in den 1230er Jahren aufgezeichneten Elisabethmirakel spiegeln zwar ein hohes Maß an Solidarität in ländlichen Gemeinden, doch begegnen kaum große, mehr als zwei Generationen umfassende Familien. Eine zehn bis zwanzig Köpfe zählende Sippe mag einen arbeitsunfähigen Behinderten „durchziehen" können; einer drei, vier Köpfe umfassenden Kleinfamilie fällt das schwer, sie ist geneigt, den „unnützen Esser" in die Stadt abzuschieben, wo offenkundig Reichtum herrscht. Vom Wohlstand des selbstbewußter auftretenden Bürgertums zeugen Stadttore und Pfarrkirchen; diese wetteiferten in Ulm und Freiburg gar mit Bischofskirchen. Vergleichbare Repräsentationsbauten wurden vom Adel erstellt. Landgraf Hermann und sein Sohn Ludwig bauten die Wartburg zu einer fürstlichen Residenz aus, die an Pracht und Größe den Vergleich mit königlichen Pfalzen nicht zu scheuen brauchte. Auch Kirchenfürsten ließen, von fieberhafter Bautätigkeit erfaßt, Dome und Klosterkirchen bauen oder erweitern. Unter Bischof Ekbert von Bamberg, einem Onkel Elisabeths, wurde der Bamberger Dom in romanisch-gotischem Übergangsstil neu aufgeführt und 1237, wenige Jahre nach Elisabeths Tod, geweiht. Die kostspieligen Bauten von Kirche und Adel wurden vielfach mit Geldern finanziert, die von den jeweiligen Hörigen, Abhängigen erpreßt worden waren.

Das war in früheren Jahrhunderten nicht anders gewesen. Neu war, daß Widersprüche zwischen christlichen Normen und der Realität des Alltags den Menschen bewußt, die Erkenntnisse ausgesprochen, zu scharfen Angriffen formuliert und dank der großen Mobilität der Menschen schnell verbreitet wurden. Auch Widersprüche zwischen dem Ideal des Ritters bzw. der adligen Frau und einer ganz anderen Wirklichkeit wurden bemerkt. Daß eheliche Treue vom jungen adligen Herrn nicht verlangt wurde, zeigt ein späterer Bericht über Elisabeths Gemahl, dem seine Diener wie selbstverständlich ein hübsches Mädchen verschaffen wollen. Ludwig verbittet sich solche Reden „um seiner lieben Elisabeth willen". Die heftigen Anklagen einer Mechthild von Magdeburg gegen das lasterhafte Leben der Frauen auf den Burgen dürften überspitzt sein; sie verdeutlichen aber, daß man sich den Blick für die gesellschaftliche Realität adligen Lebens nicht durch das Ideal des unerfüllten und unerfüllbaren Werbens schmachtender Minnesänger verstellen lassen darf. Es blieb nicht bei Anklagen. Neu war die radikale Besinnung auf die Evangelien. Einzelne - wie Elisabeth - und Gruppen - wie Franz von Assisi und seine Jünger - erkannten das Neue Testament als verbindliche Norm ihres ganzen Lebens an.

Das Zerbrechen der früheren Harmonie zwischen Königtum und Priestertum - Verfluchung des von Gott gesalbten Königs, Absetzung und Vertreibung von Päpsten - hatten eine schwere Krise heraufbeschworen, die mit dem äußeren Sieg des Papsttums im sogenannten Investiturstreit nicht beigelegt war. Papst Innozenz III., Zeitgenosse Elisabeths, beanspruchte kaiserliche Rechte; seine politischen und militärischen Unternehmungen unterschieden sich nicht von denen anderer Herrscher. Benediktiner und Zisterzienser, in besonderer Weise dem apostolischen Armutsideal verpflichtet, verwarfen zwar den Besitz des einzelnen Mönches, stellten jedoch als Kollektiv in Prachtbauten und liturgischem Gerät unerhörten Reichtum zur Schau. Ähnlich unglaubwürdig waren die meisten offiziellen Repräsentanten der Kirche. Rückblickend schreibt Ende des 13. Jahrhunderts der Erfurter Dominikaner Dietrich von Apolda in seiner Lebensbeschreibung der hl. Elisabeth, es habe zu Anfang des Jahrhunderts unter Bischöfen und Priestern auch „einige gerechte und vollkommene Männer" gegeben, unter ihnen Elisabeths Beichtvater Konrad von Marburg. – Sobald das Auseinanderklaffen von Leben und Richtschnur nicht mehr hingenommen wurde, sobald Einzelne in ihrem persönlichen Lebenswandel den Beweis erbrachten, daß eine Harmonie zwischen christlicher Norm und Alltagsleben möglich war, mußte es in der Kirche zu scharfen Spannungen kommen.

An den im 12. Jahrhundert in Italien und Frankreich aufblühenden Universitäten bemühten sich Gelehrte um die Versöhnung von Glaube und Vernunft, christlicher Lehre und vorchristlichem Denken. Schlichtere gläubige Gemüter sahen darin Haarspaltereien, wenn nicht Verrat am Glauben. Daß sich gläubiges Vertrauen und forschendes Suchen mit strenger Ausrichtung am apostolischen Leben verbinden ließ, zeigten die zur Zeit Elisabeths gegründeten Bettelorden der Dominikaner und Franziskaner. Sie sind Glied einer religiösen Bewegung, die als Reaktion auf eine reiche, in weltliche Händel verstrickte Kirche seit dem ausgehenden 11. Jahrhundert entstanden war, getragen von Männern und Frauen, die außerhalb der vorhandenen kirchlichen Institutionen ein Leben in der Nachfolge der Apostel führen wollten. Einzelne Zweige dieser Bewegung glitten in die Häresie ab oder wurden aus der Kirche hinausgedrängt.

Zu den Menschen, die sich außerhalb bestehender Klöster als „Schwestern in der Welt" um ein Leben nach dem Evangelium bemühten, gehörte Elisabeth von Thüringen. In ihrem kurzen, ungewöhnlich gut dokumentierten Leben treffen brennpunktartig wesentliche Linien der Geschichte des 13. Jahrhunderts zusammen. Aus höchstem Adel stammend, kannte sie das Leben der Mächtigen. Ohne Rücksicht auf höfische Konventionen entschied sie sich für ein Leben freiwilliger Armut. Als Fürstin wie als verachtete Witwe teilte sie das Leben der Verachteten, half den Schwachen durch persönlichen Einsatz unter widrigsten Umständen und setzte damit Maßstäbe, an denen sich Zeitgenossen und Spätere orientiert haben.

Das Heimatland Elisabeths

Elisabeth wurde 1207 in der Königspfalz Sárospatak geboren. Der Ort liegt in Nordungarn, an der Furt des nördlichen Theißzuflusses Bodrog, an einer nach Galizien führenden alten Heerstraße, unweit des heutigen Dreiländerecks Ungarn–CSSR–UdSSR. Das Reich ihres Vaters, König Andreas' II., umfaßte das gesamte Karpathenbecken, zusätzlich große Teile der heutigen Tschechoslowakei, Rußlands, Rumäniens und Jugoslawiens. Es erstreckte sich von Kronstadt in Siebenbürgen bis ins Burgenland vor die Tore Wiens, von der nördlichen Slowakei bis unter die Mauern Belgrads im Süden und bildete seit der Wende vom 12. zum 13. Jahrhundert eine europäische Großmacht; die durch innere Kämpfe gelähmten Nachbarn Polen und Rußland bedeuteten keine Gefahr. Auch von Byzanz hatte es nichts zu fürchten, zumal Bulgarien als Puffer zwischen beiden Reichen lag. Das hinderte Elisabeths Vater nicht daran, sich um den byzantinischen Kaiserthron zu bemühen und eine griechisch-ungarische Personalunion anzustreben. Andreas II. blieb hier ebenso erfolglos wie bei zahlreichen anderen politischen und militärischen Unternehmen.

Mit der Annahme des Christentums römischer Ausprägung hatte Waik, 973 auf den Namen Stephan getauft (König 997–1038) und später heilig gesprochen, sein Land der abendländischen Kultur geöffnet. Trotzdem behielt die byzantinische Kirche bis ins 13. Jahrhundert eine starke Stellung in Ungarn, das seit dem Großen Schisma 1054 ein Verbindungsglied zwischen der westlichen und der östlichen Kirche bildete. – Die Nähe zum deutschen Kaiserhaus – Stephan war mit Gisela, einer Schwester des Bayernherzogs und späteren Kaisers Heinrich II. verheiratet – trug wesentlich dazu bei, daß Ungarn als erstes Land unter den östlichen Nachbarn des Deutschen Reiches zum Königreich erhoben wurde.

Die ungarischen Herrscher praktizierten eine bewußte Heiratspolitik. Wichtige Verbindungen zu Byzanz wurden ergänzt durch Ehen mit den Herrscherhäusern in Deutschland, Frankreich, Polen, Italien und auf dem Balkan. Heiraten kräftigten die europäische Machtposition der Magyaren und öffneten das Land den Geistesströmungen des Westens. Zwar wird die mit den westeuropäischen Prinzessinnen (und deren Hofstaat) ins Land gekommene Gedankenwelt zunächst bestenfalls die Spitze der ungarischen Gesellschaft erreicht haben; doch im Laufe der Jahrhunderte kamen aus Westeuropa auch Priester und Mönche (Prämonstratenser und Zisterzienser vor allem aus Frankreich), Ritter und Bauern, Gelehrte und Sänger, Baumeister und Künstler ins Land. Als Beispiel für die Weite der europäischen Verflechtungen des ungarischen Königshauses sei auf Königin Gertrud, Elisabeths Mutter verwiesen: Ihr Vater, Berthold VI., war als Graf von Andechs, Markgraf von Istrien, Herzog von Meranien und Dalmatien einer der mächtigsten Männer im Südosten des Deutschen Reiches. Unter Gertruds Geschwistern waren ein Herzog von Meranien, ein Markgraf von Istrien, ein Patriarch von Aquileja, eine Königin von Frankreich, eine Herzogin von Schlesien; ferner Äbtissin Mechthild von Kitzingen und

Abb. 1 (zu S. 7)

Freimarke der Deutschen Bundespost, nach Tafel 17 des Elisabeth-Zyklus für das Heilig-Geist-Spital in Lübeck (um 1420). Tag der Erstausgabe: 12. 11. 1981.

Abb. 2 (zu S. 32)

Landgraf Ludwig IV. nimmt Abschied von seiner Gemahlin. Der Hut kennzeichnet den Landgrafen als Pilger, das Kreuz auf der Tasche als Kreuzfahrer.

Elisabeth-Schrein, Marburg

Bischof Ekbert von Bamberg, die später in das Leben ihrer Nichte Elisabeth eingriffen.

Weite ungarische Kreise lernten die Westeuropäer von einer wenig vorteilhaften Seite aus kennen: Wer nicht zur See ins Heilige Land fahren konnte oder wollte, zog zu Land donauabwärts, wie manches Ritterheer, in dessen Gefolge sich Kleriker, Spieler, Marketenderinnen, Taugenichtse und verkrachte Existenzen fanden. Die Heerhaufen mußten versprechen, auf den angewiesenen Wegen zu bleiben, den Frieden zu wahren, keine Beute zu machen. Mangelnde Disziplin der Durchziehenden und Verständigungsschwierigkeiten führten wiederholt zu schweren Zusammenstößen mit Raub und Plünderung, Mord und Totschlag. Daß solche Reisen nicht unbedingt zum Abbau von Vorurteilen führen, Voreingenommenheiten vielmehr auch in der führenden Schicht wecken und verstärken können, macht mit entwaffnender Offenheit Bischof Otto von Freising deutlich. Dieser große Geschichtstheologe hatte 1147 auf dem zweiten Kreuzzug Ungarn kennengelernt. Später schilderte er das Land als „anmutig wegen der ihm von Natur verliehenen Lieblichkeit und reich infolge der Fruchtbarkeit seiner Äcker“; er verglich es gar mit dem Paradies Gottes. Ganz anders zeichnete er die Menschen, die diesen Garten Eden bewohnen: Ein Barbarenvolk, in Sitten und Sprache bäurisch und ungeschliffen, mit häßlichem Gesicht und tiefliegenden Augen. Man müsse das Schicksal tadeln oder sich vielmehr über die göttliche Duldsamkeit wundern, die dieses schöne Land „menschlichen Scheusalen, denn Menschen kann man sie kaum nennen“ ausgeliefert habe. Für die Zeit der Kreuzzüge sind solche Äußerungen nicht ungewöhnlich; daher verwundert es nicht, daß böse Worte mit dem Blick auf Elisabeth gezischelt worden sein sollen.

Landgrafschaft und Landgrafen

Elisabeth kam 1211 in eine der vornehmsten und einflußreichsten Fürstenfamilien des Deutschen Reiches. Ihr Pflegevater, Landgraf Hermann I., verfügte über die bedeutendste Territorialmacht im mitteldeutschen Raum.

Aus bescheidenen Anfängen waren die Landgrafen in wenigen Generationen in den höchsten Reichsadel aufgestiegen. Mit der Rodung von Wald, dem Bau von Burgen, der Gründung von Klöstern, der Förderung von Städten, dem Erwerb von Rechten hatten sie Landesherrschaft begründet – wie andere Fürsten, z. B. die Grafen von Andechs, von denen Elisabeth mütterlicherseits abstammte. Neu an den sich im 12./13. Jahrhundert bildenden und festigenden Landesherrschaften war die Konzentration von Besitzungen und Rechten auf engem Raum. Die Ludowinger, wie die Landgrafen nach dem Leitnamen ihres Geschlechts genannt werden, herrschten allerdings über alles andere als ein geschlossenes Territorium. Wie ein Flickenteppich war die Landgrafschaft, die sich von der Saale bis an die Lahn, von Göttingen bis Schmalkalden erstreckte, mit anderen Rechten und Herrschaften durchsetzt.

Die große Zersplitterung des Besitzes konnte als Herausforderung verstanden werden: Langfristig wären konkurrierende Gewalten durch Tausch, Heirat, Erbschaft, Kauf, Usurpation, Eroberung zu verdrängen, auszuschalten bzw. aufzusaugen. Einstweilen mußte die Besitzzersplitterung zu vielfältigen politischen und militärischen Verwicklungen führen, vor allem mit dem Erzstift Mainz. Dieser „Erbfeind" der Landgrafen von Thüringen wollte ebenfalls in Hessen und Thüringen Territorialherrschaft auf- bzw. ausbauen. Im Kampf um weltliche Dinge zückte die Geistlichkeit schnell ihre geistlichen Waffen, auch gegen Angehörige Elisabeths: Ihr Schwiegervater starb im Kirchenbann; ihr Mann stand, nach Auseinandersetzungen mit

Mainz, zu Anfang seiner Herrschaft zwei Jahre lang im Bann.

Hundert Jahre vor dem Tod Elisabeths war es Ludwig I., dem Urgroßvater ihres Gemahls gelungen, mit dem erblichen Landgrafentitel übergräfliche Gewalt zu gewinnen und auf diese Weise eine den Herzögen ähnliche unmittelbare Zuordnung zum König zu gewinnen. An der Seite Kaiser Friedrichs I. wurden die Ludowinger die Vormacht im mitteldeutschen Raum. Dank Königsdienst und Königsnähe gelang ihnen im letzten Viertel des 12. Jahrhunderts die Aufnahme in den Kreis der Reichsfürsten. Der neue Rang spiegelte sich in der Einrichtung von Hofämtern nach königlichem Vorbild. Es war nur konsequent, daß später Elisabeth auf einer Münze mit königlichen Herrschaftszeichen, Szepter und Reichsapfel, dargestellt wurde. Die Wahl Heinrich Raspes zum König 1246 bedeutete nur eine äußere Erhöhung des Geschlechts; den Gipfel der Macht und des Ansehens hatten die Ludowinger mit dem Paar Ludwig IV. und Elisabeth erreicht.

Zu den Tugenden der Herrscher gehörten Freigebigkeit und Großzügigkeit bei der Förderung der Künste. Elisabeths Schwiegervater ist auch als Mäzen in die Geschichte eingegangen, der die Anfertigung prachtvoller Buchhandschriften anregte und der seinen Hof zu einem Mittelpunkt höfischer Kultur, einer Stätte ritterlich-weltfrohen Lebens ausbaute. Der Sage nach fand an seinem Hofe in Eisenach der Sängerkrieg statt. Historisch verbürgt ist, daß in der Umgebung Hermanns I. zeitweilig Heinrich von Veldecke und Wolfram von Eschenbach lebten; es ist möglich, daß Walther von der Vogelweide am Landgrafenhof mit Elisabeth, dem Mädchen aus dem fernen Ungarnland, geplaudert hat.

Mäzenatentum ist die eine Seite im Wesen Hermanns, Skrupellosigkeit die andere. Wie manch anderer Fürst seiner Zeit scheute er vor Verrat und Eidbruch bei der Wahrnehmung eigener Interessen nicht zurück. Im deutschen Thronstreit um die Wende vom 12. zum 13. Jahrhundert wechselte er viermal die Partei, begünstigte einmal den Welfen, dann wieder den Staufer. Infolgedessen wurde Thüringen wiederholt Kriegsschauplatz, u. a. 1211; in dem Jahr kam Elisabeth nach Thüringen. Krieg bedeutete, daß Menschen erschlagen, gequält, vergewaltigt oder in Erwartung eines Lösegeldes gefangengenommen, daß Dörfer, Städte und Klöster geplündert und niedergebrannt wurden. Krieg bedeutete weiter, daß von der Soldateska das Vieh abgeschlachtet oder weggetrieben, etwaige Vorräte an Nahrungsmitteln und Saatgut requiriert oder vernichtet wurden. Nahrungsmangel, wenn nicht Hunger waren die absehbaren Folgen.

In krassem Gegensatz zu solcher Not standen ausgelassene, zeitweilig zügellose Festlichkeiten, wie Hermann I. sie liebte. Sein Hof gehörte zu der nach ritterlichen Art lebenden Gesellschaftsschicht, die vielleicht ein Prozent der Gesamtbevölkerung umfaßte. Indessen sah der Alltag der meisten Burgherren alles andere als idyllisch aus. Auf einer Burg, im allgemeinen Festung und Verwaltungsmittelpunkt, lebte man notgedrungen beengt. Die Räume hatten wenige Fenster; Heizungsmöglichkeiten waren so selten, daß nach dem Kamin die „Kemenaten“ benannt werden konnten. Die Anwesenheit von Rindern, Schafen, Hunden brachte Unannehmlichkeiten mit sich; doch waren diese wahrscheinlich leichter zu ertragen als die von Gesinde und Fremden ausgehende Unruhe. Walther von der Vogelweide erinnerte sich an den Thüringer Hof: „Eine Schar fährt aus, die andere ein, Nacht und Tag.“ Die Stimmen fluchender Stallknechte und gereizter Ritter waren sicher öfter zu hören als der Vortrag von Minnesängern. Trotz aller Unzulänglichkeiten: Verglichen mit den schmutzigen, einräumigen Behausungen der Bauern dürften die Wohnverhältnisse auf den Thüringer Burgen fürstlich gewesen sein:

Getrennte Räume für Aufenthalt, Kochen und Schlafen; Schutz vor Regen und Bodenfeuchtigkeit; Vorräte an Nahrung, abwechslungsreiche Kost, nicht der tägliche Kampf gegen die Armut. Sofern Elisabeth nicht auf Reisen war, wird sie den größten Teil ihrer Ehejahre in Burgen verlebt haben. Auf der Kreuzburg hat sie ihr erstes, auf der Wartburg ihr zweites und drittes Kind geboren.

1217 trat Ludwig IV. siebzehnjährig das Erbe seines in geistiger Umnachtung verstorbenen Vaters an. Bei der Verfolgung eigener Interessen war er nicht weniger hart und berechnend, wenn auch prinzipienfester als sein Vater. Der religiösen Bewegung seiner Zeit stand er aufgeschlossen gegenüber, Ergebnis der Erziehungsarbeit seiner Mutter, die 1221 in ein von ihr gefördertes Zisterzienserinnenkloster eintrat. Daß unter Ludwig ein ernsthafterer Ton am Landgrafenhof herrschte, wird auch daran deutlich, daß am Ende seiner nur zehnjährigen Regierungszeit an die Stelle des Vortrags von Minnelyrik die Aufführung eines Passionsspiels in Eisenach getreten war.

Offensichtlich hatte Ludwig erkannt, daß sich in Hessen und Thüringen die Herrschaft der Landgrafen nicht ausweiten ließ. Jedenfalls kam es 1219 mit dem Erzbischof von Mainz zu einem Kompromiß, der Ludwig die Lösung vom Bann brachte. Daß der Konflikt mit Mainz in den 1220er Jahren weitergeschwelt war, wird nach dem Tode Elisabeths deutlich: Nur wenige der zu ihrem Grab in Marburg strömenden Pilger stammten aus den nahe gelegenen Mainzer Besitzungen. – Ludwig verlagerte den Schwerpunkt seiner politischen und militärischen Aktivitäten nach Osten. Wiederholt griff er in die benachbarte Mark Meißen ein. Unprovoziert führte er einen nicht nur die Überrumpelten, sondern auch seine eigenen Leute überraschenden Feldzug gegen Stadt und Burg Lebus an der Oder. Treue zu Friedrich II. hinderte ihn nicht, dem Staufer gegenüber in zähen Verhandlungen territorialpolitische Ziele zu verfechten. Für den Fall, daß sein minderjähriger Neffe kinderlos sterben sollte, ließ er sich von Friedrich mit der Mark Meißen belehnen, ferner mit der Lausitz und allem Land, das er sich gegebenenfalls in Preußen erobern könnte. Friedrich mußte sich weiter verpflichten, dem Landgrafen für dessen Teilnahme an dem geplanten Kreuzzug im voraus 5 000 Mark zu bezahlen.

Wie die ungarischen und die deutschen Könige verfügten die Landgrafen über keine feste Hauptstadt; sie waren gezwungen, ihre Herrschaft im Umherziehen auszuüben, wobei ihnen Burgen, Pfalzen und Städte als Stützpunkte dienten. Die Nachricht von der Geburt des ersten Kindes erreichte Ludwig, als er gerade in der Stadtkirche in Marburg eine (Gerichts-?)Versammlung leitete. Herrschaftsausübung bedeutete in dieser Zeit vor allem, Ordnung zu wahren. Die erst wenige Jahre zurückliegenden Kriege hatten den Respekt vor Frieden und Recht in Vergessenheit geraten lassen. Wenn aufsteigende Territorialherren ihren Anspruch auf Landesherrschaft durchsetzen wollten, mußten sie Personen und Personengruppen schützen, die nicht das Recht hatten Waffen zu tragen (Bauern, Frauen, Mönche), d. h. sie mußten das Fehderecht des Adels eindämmen. Ludwig ließ Landfriedensbrecher verurteilen und enthaupten, auch wenn es sich um adlige Standesgenossen handelte. Hinter der wiedereingeführten Blutstrafe für die Tötung eines Menschen stand eine die Zeit kennzeichnende neue Auffassung vom Wert des Menschenlebens. Nicht länger sollten Wohlhabende begünstigt sein, die es sich leisten konnten, die für ein Verbrechen verwirkte Strafe mit einer Geldbuße abzulösen.

Die Wahrung von Recht und Friede brachte dem Herrscher auch wirtschaftliche und politische Vorteile. Die hohe Gerichtsbarkeit ermächtigte ihn zur Erhebung von Steuern; ein Drittel der verhängten Strafgelder kam dem Richter zu. Der dem Bauern und Kaufmann, den Klöstern und Städten gewährte Schutz und Schirm bildete den Kern der Herrschaft, steigerte Zoll- und Steuereinnahmen, stärkte die Territorialherrschaft. Als Ludwig mit siebenundzwanzig Jahren zum Kreuzzug ins Heilige Land aufbrach, gebot er über eine Landgrafschaft, die sich zwar aus höchst ungleichartigen Besitzstücken zusammensetzte, die jedoch zahlreiche Klammern aufwies: Mit Ministerialen besetzte Burgen, als Großburgen wirkende Städte, Gerichte, Vogteien, eine Verwaltung mit eigenen Beamten und eigener Kanzlei, regelmäßige Einnahmen. Stolz zählte später Ludwigs Hofkaplan auf, wer den Landgrafen begleitete: Grafen, Ritter, Ministeriale, Kapläne, Priester, Ärzte. Ein organisierter, wohlverwalteter, finanzkräftiger Staat hatte das große Aufgebot, das einem Heer ähnlich gewesen sein soll, ermöglicht.

Eine Königstochter in der Fremde

Da seit einiger Zeit auch die Geschichte der Kindheit verstärkt in das Blickfeld der Sozialhistoriker getreten ist, wird man verstreute Angaben in den Quellen nicht übersehen wollen: Elisabeth kam in die Familie ihres künftigen Mannes mit vier Jahren, einem Alter, in dem sie noch „von der mütterlichen Brust die Nahrung zu nehmen pflegte“. Die lange Stillzeit fällt uns heute auf; langes Stillen – durch die Mutter oder, in adligen Häusern nicht selten, durch eine Amme – erhöhte die Überlebenschancen des Kindes in den gefährdeten ersten Lebensjahren. Das gilt auch noch heute für die Länder der Dritten Welt.

Zur Aussteuer Elisabeths sollen auch Wiege und Badekübel – beides standesgemäß aus Silber! – gehört haben. Offensichtlich hatten seinerzeit zumindest in Häusern der adligen Oberschicht Kinder gelegentlich schon ein eigenes

Bett; für die elementare Körperpflege war besonderes Gerät bekannt, vielleicht wurde es auch benutzt.

Nach der Ankunft in Deutschland wurde Elisabeth in das Bettchen ihres künftigen Mannes gelegt, symbolische Besiegelung der angebahnten Verbindung.

Als kleines Kind an einen fremden Hof zu kommen, war in adligen Kreisen bis ins 20. Jahrhundert nichts Außergewöhnliches. Zu allen Zeiten haben internationale Verflechtungen Opfer gefordert. Als Kind schon sollte Elisabeth das Land kennenlernen, in dem sie später wirken würde. Verschiedenheiten der Sprache und des geschichtlichen Hintergrundes konnten sich im Spiel und in der gemeinsamen Erziehung der Kinder abschleifen. Elisabeth wurden allerdings auch Gefährten aus ihrer ungarischen Heimat mitgegeben. Mit den Beziehungspersonen begleitete sie ein Stück Heimat; der Schock der „Verpflanzung" mag auf diese Weise gemildert worden sein.

Die Kinder am thüringischen Hof freuten sich an denselben Spielen, mit denen Kinder sich auch heute noch vergnügen: Hüpfen, Ringelreihen, einfache Pfandspiele. Nach Aussagen ihrer Gefährtinnen sorgte Elisabeth dafür, daß Gewinne häufiger an arme Kinder fielen. Daraus darf man schließen, daß Kinder verschiedener Schichten noch unbefangen miteinander spielten. Auch in anderen Gesellschaften läßt sich beobachten, daß trennende, schicht- oder sprachbedingte Schranken mit zunehmendem Alter erst das Bewußtsein von Kindern prägen. Nach Aussage einer Dienerin kaufte Elisabeth in ihrem späteren Leben kranken Kindern zum Trost Ringe und Tiere aus Glas und Ton; in der ersten Hälfte des 13. Jahrhunderts gab es also schon einen Markt für Spielzeug.

Von ihrer Pflegemutter wird Elisabeth auf das Amt der Landgräfin vorbereitet worden sein. Zu dieser Unterweisung gehörte die religiöse Erziehung ebenso wie die Einführung in gesellschaftliche Umgangsformen und das Hineinwachsen in das Zeremoniell der höfischen Kultur. Die Landgräfin Sophie war ihrer Pflege- und späteren Schwiegertochter sicher nicht die böse Schwiegermutter, als die sie gelegentlich dargestellt wurde. Manches im Verhalten Elisabeths erschien ihr jedoch exzentrisch, unstandesgemäß, so daß es zu Zusammenstößen kam, in denen durchaus Worte gefallen sein können wie: „Elisabeth, du verdientest, unter die dienenden Mägde, nicht aber die herrschenden Fürsten gezählt zu werden."

Nach Aussagen ihrer Lebensgefährtinnen - die aus einer thüringischen Ministerialenfamilie stammende Guda z. B. war im Alter von fünf Jahren der vierjährigen Elisabeth zugesellt worden - hat Elisabeth sich schon in früher Kindheit durch außergewöhnliche Buß- und Frömmigkeitsübungen hervorgetan. Zwar sind solche Äußerungen mit Vorsicht zu behandeln; denn die Protokolle dieser Aussagen sollten beim Heiligsprechungsprozeß als Beweisstücke vorliegen. Zudem wurden und werden bei vielen berühmt gewordenen Menschen spätere Qualitäten schon in die früheste Jugend projiziert. Trotzdem könnten die Aussagen einen wahren Kern enthalten. Es ist denkbar, daß ein Kind in der Fremde Schutz vor Tratsch und Gehässigkeit im Gebet, in der Kirche, bei einem Heiligen sucht. Vor allem ist zu berücksichtigen, daß die Begeisterungsfähigkeit von Kindern und Jugendlichen „in der Luft" lag: 1212 kam es zu einem überregionalen, 1237 noch einmal zu einem regionalen Kinderkreuzzug in Thüringen, der die Eltern ratlos ließ.

Ehen in der Welt des Adels

Nicht anders als Elisabeth wurden ihre Geschwister im dynastischen Interesse verheiratet: Ihr älterer Bruder, der spätere König Bela IV. (1235–1270) mit einer byzantinischen

Kaiserstochter, ihre jüngeren Geschwister Koloman, Andreas und Maria mit Angehörigen des Hochadels in Polen, Rußland und Bulgarien. Verlobungen wurden aus politischen Gründen gelegentlich auch wieder gelöst; mit größter Bedenkenlosigkeit löste Elisabeths Vater Eheversprechen seiner Kinder im Interesse seiner jeweiligen politischen Ziele. Nicht selten starb einer der Verlobten vor der Eheschließung. Nach einer Überlieferung war Elisabeth zunächst mit Hermann, dem älteren, 1216 verstorbenen Bruder Ludwigs verlobt worden.

Die Kirche hatte sich seit Jahrhunderten für das Prinzip der Konsensehe eingesetzt und damit die Stellung der Frau aufgewertet. Diese war nicht mehr nur Objekt, über das verhandelt und verfügt wurde; Frauen haben aber gewiß nur selten von der Möglichkeit Gebrauch gemacht, noch am Traualtar die Bindung aufzukündigen. Die Kinder hatten sich dem elterlichen Willen unterzuordnen, auch bei der Wahl des Ehepartners; so jedenfalls wurde das vierte Gebot verstanden, auch von Elisabeth und Ludwig: Sie gelobten eines ihrer Kinder noch vor dessen Geburt dem geistlichen Stand, warteten also wie selbstverständlich die freie Willensentscheidung des Kindes nicht ab.

Da die Heirat im allgemeinen nicht die Zuneigung zweier Menschen besiegelte, sondern das Bündnis zweier Familien, waren Ehen oft genug reine Zweckbündnisse. Die Liebe suchte und fand man außerhalb der Ehe, wobei die Gesellschaft dem Mann mehr Nachsicht als der Frau gegenüber zeigte. Auch nach vollzogener Ehe bot sich nicht selten die Möglichkeit einer Trennung, z. B. wegen zu naher Verwandtschaft. Die Ehe zwischen Elisabeths Tante Agnes und König Philipp August von Frankreich wurde aus diesem Grunde von der Kirche nicht anerkannt.

Die Ehe zwischen dem Landgrafen von Thüringen und der ungarischen Königstochter war wahrscheinlich 1208 abgesprochen worden. In diesem Jahr war Bischof Ekbert von Bamberg, Elisabeths Onkel, in den Verdacht geraten, Mitwisser des Mordkomplotts gegen König Philipp zu sein. Ekbert war daraufhin an den ungarischen Königshof zu seiner Schwester Gertrud geflüchtet. Die Geschwister werden Fragen erörtert haben, die der Steigerung der Macht ihres Hauses, der im Südosten des Reiches und im nördlichen Adriaraum einflußreichen Andechs-Meranier dienten. 1211 reiste dann eine thüringische Gesandtschaft nach Ungarn, um gemäß der früher getroffenen Abmachung Elisabeth abzuholen. Bei den Verhandlungen mit den Thüringern stand nicht König Andreas, sondern Königin Gertrud im Mittelpunkt. Diese sorgte dafür, daß ihre Tochter eine reiche Aussteuer erhielt – für ihre Eltern ein Statussymbol: Schmuck und Geschirr aus Gold und Silber, Tuch aus Seide – ein Hinweis auf den Handel mit Byzanz, möglicherweise sogar auf den interkontinentalen Fernhandel mit China –, kostbare Kleider und Schmuck, ferner Silbergeld und Silberbarren im Wert von tausend Mark. Am Thüringer Hof war die Mitgift höchst willkommen; der Gesandtschaft wurde daher ein glanzvoller Empfang bereitet.

Zwei Jahre später wurde Elisabeths Mutter erschlagen. Man warf ihr Herrschsucht und Begünstigung der ins Land gerufenen Fremden, vor allem ihrer deutschen Landsleute vor. Vielleicht hatte auch die reiche Aussteuer ihrer Tochter den Zorn ungarischer Magnaten heraufbeschworen. Möglicherweise ist es infolge der Ermordung der Königin nicht zu der vorgesehenen Übersendung weiterer Zahlungen an den Landgrafenhof gekommen. Hier machte man sich jedenfalls Gedanken darüber, ob es nicht zweckmäßig sei, die Prinzessin nach Ungarn zurückzuschicken. Man meinte, die Aussteuer sei geringer ausgefallen als erwartet, und es böten sich für den politischen Ehrgeiz der Thüringer günstigere „Partien". Ludwig und Elisabeth hatten inzwischen einander kennen- und schätzengelernt. Ludwig stand zu seiner Braut. Und Elisabeth? Nach ihrem Tod schreibt ihr

Beichtvater, sie habe lieber jungfräulich bleiben wollen. In *diesem* Stadium ihres Lebens kann von einem solchen Wunsch keine Rede sein; Elisabeth hat sicher fleißig dazu beigetragen, daß die Ehe mit Ludwig zustandekam. 1221 wurde das Paar getraut, Ludwig war einundzwanzig, Elisabeth vierzehn Jahre alt. Nach den Quellen zählte diese Verbindung zu den glücklichen Ehen, die den Zeitgenossen aufgefallen und die – nicht nur im Adel, nicht nur im Mittelalter – alles andere als selbstverständlich sind. Tiefe Zuneigung, wechselseitiges Vertrauen, beiderseitige Treue – die Treue Ludwigs wird wiederholt als ungewöhnlich hervorgehoben – und leidenschaftliche, ja wilde Liebe kennzeichnen die Ehe, die nicht einmal sieben Jahre dauern sollte.

Die Landgräfin Elisabeth

Mit ihrer Heirat trat Elisabeth an die Spitze des thüringischen Hofes. Sie hatte nicht viel Zeit gehabt, sich auf die vielfältigen Aufgaben einer Landgräfin vorzubereiten: Auswahl und Leitung des Personals, Führung der ihr kraft der Schlüsselgewalt zukommenden Wirtschaft, gesellschaftliche Verpflichtungen im Zusammenhang mit dem Empfang und der Beherbergung hochgestellter Gäste. Aus den Quellen geht eine große Aufgeschlossenheit der jungen Landgräfin hervor, die ihr hohes Amt in einem Alter übernahm, in dem die meisten Menschen heute ungezwungen ihrer Jugend leben können.

Drei Umstände dürften es ihr erleichtert haben, sich in dem neuen Aufgabenkreis zurechtzufinden: Ludwig zeigte großes Verständnis für die Eigenarten seiner Frau; Elisabeths Schwiegermutter zog sich noch im Jahr der Eheschließung in ein Kloster zurück; im zweiten Ehejahr schenkte Elisabeth einem Knaben das Leben. Unfruchtbarkeit galt in ihrer Zeit als große Schmach; daß gleich ihr erstes Kind ein „Thron"-

erbe war, wird die Stellung Elisabeths am Hof gestärkt haben. Eine frühe Mutterschaft war nicht ungewöhnlich, wie ein Vergleich mit einer ihrer Tanten zeigt: Hedwig von Schlesien wurde Mutter mit dreizehn Jahren und dreizehn Wochen.

Im Jahr der Geburt Hermanns reiste das junge Paar in die ungarische Heimat Elisabeths. Den tausend Kilometern Luftlinie zwischen Thüringen und Ungarn dürfte eine Wegstrecke von gut 1 500 Kilometern entsprochen haben. Angesichts der unwegsamen, mit Urwald bestandenen Gebirge, fehlender Brücken, der bis ins 19. Jahrhundert notorisch schlechten Straßen war auch für Berittene seinerzeit eine Tagesleistung von dreißig Kilometern ein guter Durchschnitt. Elisabeth und Ludwig brauchten also mindestens fünfzig Tage bis nach Ungarn, wenn sie sich unterwegs keine mehrtägigen Pausen gönnten und jede Nacht ein anderes Quartier bezogen.

Da Elisabeth von ihrem Mann nicht lange getrennt sein wollte, begleitete sie Ludwig möglichst oft auf dessen Reisen, von denen die nach Ungarn die längste gewesen sein wird. Die Beschwernisse solcher Reisen wird man auch vor dem Hintergrund von drei Schwangerschaften in sechs Jahren sehen dürfen: Bei Wind und Wetter unterwegs, auf unzureichenden Wegen und Stegen, Übernachtung im Zelt oder in verlausten, schmuddeligen Herbergen, bei insgesamt abenteuerlichen sanitären Verhältnissen. Elisabeth muß eine gute Reiterin gewesen sein und über eine robuste Konstitution verfügt haben, da sie den Strapazen der Reisen offensichtlich gewachsen war. Ihr Beispiel zeigt allerdings auch, daß seinerzeit die Ausübung von Herrschaft für die Machthaber mit größten physischen Belastungen verbunden war. Früh verschlissen, ist mancher Herrscher schon in jungen Jahren gestorben. Eine geringe Lebenserwartung war der Preis, den viele Männer für ihre hohe Stellung im Sozialgefüge bezahlen mußten.

Die häufigen Abwesenheiten Ludwigs – bedingt durch Aufgaben in Politik, Verwaltung, Rechtsprechung – brachten es mit sich, daß die Landgräfin viele Entscheidungen selbständig treffen mußte. Zur Zeit Elisabeths war die Gesellschaft bereit, der Frau ein großes Maß an Freiheit einzuräumen, die Elisabeth nach Aussage von Augenzeugen zu einer „einzigartigen und ungewöhnlichen Art zu leben" nutzte.

Eine harmonische Ehe

Schon die bald nach dem Tod Elisabeths verhörten Dienerinnen und Vertrauten der Landgräfin, nicht erst spätere Biographen heben die gegenseitige Liebe Ludwigs und Elisabeths als ungewöhnlich hervor. Ludwig muß über eine beträchtliche seelische Spannweite verfügt haben: Nüchtern nahm er seine Interessen wahr; aufgeschlossen stand er der religiösen Bewegung seiner Zeit gegenüber.

Elisabeth und Ludwig waren gemeinsam erzogen worden, hatten sich also schon lange vor der Ehe gekannt, was alles andere als selbstverständlich war. Das unbefangene Großwerden am landgräflichen Hof spiegelt sich darin, daß sie sich auch als Eheleute mit „Bruder" bzw. „Schwester" anredeten. Damit ist ein partnerschaftliches Verhältnis angedeutet, für das noch andere Beobachtungen sprechen. Elisabeth wollte möglichst Tag und Nacht in der Nähe ihres Mannes sein. Die Hofgesellschaft empfand es als ungewöhnlich, wenn nicht ungehörig, daß sie bei Tisch neben ihrem Mann sitzen wollte. Eine der Dienerinnen gab folgende, Verständnis und Geduld Ludwigs erhellende Szene zu Protokoll: Elisabeth pflegte sogar nachts zu beten und ließ sich daher von ihren Dienerinnen durch Zupfen an einer Zehe wecken. Eines Nachts wollte Isentrud, die in besonderer Weise das Vertrauen Elisabeths genoß, sie wecken; sie bekam jedoch eine Zehe Ludwigs zu fassen, der die Störung geduldig ertrug, da er die dahinterstehende Absicht gleich durchschaut hatte. Doch nicht infolge eines Ungeschicks der Dienerin war er geweckt worden. Nur in einer Handschrift heißt es nämlich, Ludwig habe „sein Bein zur Herrin hinübergestreckt". Die Zeit war zwar nicht prüde; doch überstieg diese Präzisierung möglicherweise den Rahmen dessen, was nach Meinung späterer Abschreiber in Kanonisationsakten erscheinen durfte.

Daß Ehe und Geschlechtlichkeit von Elisabeth – anders als von manchen Häretikern ihrer Zeit, den Katharern zum Beispiel – ausdrücklich bejaht wurden, wird nicht nur durch diese Szene bewiesen, auch nicht nur durch die drei Kinder, die Elisabeth geboren hat, sondern vor allem dadurch, daß sie aus einem Gehorsamsversprechen, das sie ihrem Beichtvater gegenüber abgelegt hatte, ausdrücklich die ehelichen Rechte Ludwigs ausklammerte. Nicht für Leibfeindlichkeit, sondern für ihre heftige, ausschließliche Liebe zu Ludwig spricht ein zweites Gelübde: Sollte sie ihren Mann überleben, so wollte sie als Witwe zeitlebens enthaltsam leben. In dieser Zeit kamen andere Ehepaare überein, während bestimmter Zeiten oder nach einigen Jahren der Ehe für den Rest des gemeinsamen Lebens auf die geschlechtliche Gemeinschaft zu verzichten. Elisabeths Tante Hedwig und ihr Mann z. B. legten ein solches Gelübte nach der Geburt ihres sechsten Kindes ab. Dagegen sollte Elisabeths Gelübde nur für den Todesfall gelten. In das Gesamtbild einer lebhaften Bejahung von Ehe und Sexualität paßt auch, daß Elisabeth sich fürstlich zu kleiden verstand. Rechnete sie mit der baldigen Rückkehr Ludwigs von einer Reise, so schmückte sie sich festlich; sie wollte ihrem Mann „keine Gelegenheit zur Sünde geben", wenn ihm vielleicht irgendetwas an ihr mißfiele; sie allein sollte er in ehelicher Zuwendung lieben, damit sie beide „gleichermaßen von demjenigen, der das Gesetz der

Ehe geheiligt hat, die Belohnung des ewigen Lebens erwarten mögen".

Wie die meisten Ehen bis weit in die Neuzeit, wurde auch diese nach nur wenigen Jahren durch den Tod gelöst. 1224 hatte Ludwig das Kreuz genommen, um sich an dem Kreuzzug zu beteiligen, den Friedrich II. bei seiner Krönung in Aachen gelobt hatte und der immer wieder verschoben worden war. Zu Zeiten Elisabeths war es unter Kirchenrechtlern umstritten, ob der Mann ohne vorherige Zustimmung seiner Frau eine Teilnahme am Kreuzzug geloben dürfe. Ludwig hat sich über diese Einschränkung hinweggesetzt. Die schmerzliche Nachricht wollte er seiner Frau so lange wie möglich vorenthalten, gab man doch einem Kreuzfahrer nur geringe Chancen, lebend zurückzukehren. Zufällig findet Elisabeth in der Kleidung ihres Mannes das Kreuz und fällt ohnmächtig zu Boden. Im Frühjahr 1227 trifft Ludwig die Vorbereitungen zur Reise. Er ordnet die Länder seiner Herrschaft und ruft einen Landtag nach Kreuzburg ein (an der Werra, unweit Eisenach). Dort erinnert er daran, daß zu Zeiten seines Vaters Fehden und Kriege, Feindschaft und Streit das Land verwüstet hatten, daß er – rastlos tätig – mit starker Hand dem Land wieder Frieden und Ruhe beschert habe. Dann bittet er in den Klöstern seines Herrschaftsbereiches um Segen und empfiehlt sich dem Gebet von Mönchen und Nonnen. Elisabeth erwartet ihr drittes Kind; die Eltern bestimmen es dem geistlichen Leben: Wenn Elisabeth einem Mädchen das Leben schenkt, soll dieses später im Prämonstratenserinnenkloster Altenberg Gott dienen.

Als Sammelplatz für das große Aufgebot war Schmalkalden südlich Eisenach vereinbart worden. Am 24. Juni, dem Fest Johannes des Täufers, brechen die Kreuzfahrer von hier auf. Elisabeth kann sich von ihrem Mann nicht losreißen und begleitet ihn Tag um Tag eine Etappe weiter. Schließlich müssen die Liebenden sich trennen (Abb. 2).

Abb. 3 (zu S. 42)
Elisabeth speist Hungrige, hier einen Blinden.
Elisabeth-Schrein, Marburg

Abb. 4 (zu S. 49)

Elisabeth erweist Werke der Barmherzigkeit.

Aus dem sog. Krumauer Bildercodex, Böhmen, 2. Viertel 14. Jahrhundert. Den Abbildungen wurde folgender Text beigegeben. Erste Zeile: Hic dat pannum minoribus (Hier gibt sie Franziskanermönchen Tuch). Hic dat pauperibus pannum (Hier gibt sie Armen Tuch). Zweite Zeile: Sancta elis[abeth] hic dat infantibus vestem (Die hl. Elisabeth verschenkt hier Kleidung an Kinder). Sancta eli[sabeth] semper ibat ad sepulturam pauperum (Die hl. Elisabeth ging immer zum Begräbnis von Armen). Dritte Zeile: Sancta eli[sabeth] dat lac pauperibus mulieribus (Die hl. Elisabeth schenkt armen Frauen Milch). Sancta eli[sabeth] ad pedes magistri cunradi cecidit cum aliis virginibus et ipse verberavit eas (Die hl. Elisabeth fiel zusammen mit anderen Jungfrauen Magister Konrad zu Füßen; und dieser schlug sie mit einer Geißel).

Der Abschied hat die Zeitgenossen beeindruckt, denn 1233 berichtet eine Frau, sie habe zu Anfang dieses Jahres auf dem Weg nach Marburg die Leute ein Lied in deutscher Sprache vom tränenreichen Abschied der Landgräfin singen hören.

Am 3. August traf Ludwig mit Kaiser Friedrich II. in Troja (Apulien) zusammen. Das Heer hatte täglich etwa vierzig Kilometer zurückgelegt, eine hohe Tagesleistung, zumal die Alpen zu überwinden und mehr als die Hälfte der Wegstrecke durch die Julihitze Italiens zurückzulegen waren. In Brindisi hatten sich inzwischen Tausende von Pilgern eingefunden, weit mehr, als Friedrich erwartet hatte. Die Wallfahrer waren an Klima, Nahrung und Lebensweise des Südens nicht gewöhnt. Es kam zu einer furchtbaren, durch den Mangel an Nahrungsmitteln noch verstärkten Seuche, der sehr viele Menschen zum Opfer fielen. Schon früher war manches deutsche Heer in der glühenden Augusthitze Süditaliens auf die gleiche Weise umgekommen. Von der Seuche wurden auch der Kaiser und der Landgraf erfaßt, dieser so schlimm, daß er sich mit der Kommunion und der vom Patriarchen von Jerusalem gespendeten letzten Ölung auf den Tod vorbereiten mußte. Ludwig starb am 11. September. Nach einem feierlichen Totenamt wurde sein Leichnam in kostbare und feste Tücher gehüllt und einstweilen in Otranto beigesetzt; seine Getreuen brachen dann zum Kreuzzug ins Heilige Land auf.

Gelebtes Christentum: Frömmigkeit und Demut

Nach Aussagen Isentruds, einer von Elisabeths Hofdamen, zeichnete sich die Landgräfin in den Jahren ihrer Ehe aus durch Frömmigkeit, Demut und Werke der Nächstenliebe. Caritatives Wirken und kontemplative Versenkung gehörten bei den Exponenten der religiösen Bewegung des

13. Jahrhunderts zusammen. Kontakte Elisabeths mit führenden Gestalten der religiösen Frauenbewegung in Flandern, Frankreich, Italien lassen sich quellenmäßig nicht nachweisen. Angesichts der verwandtschaftlichen Verflechtungen der Familien Elisabeths und Ludwigs in Europa, der vielfältigen Begegnungen am thüringischen Hof, der schnellen Nachrichtenübermittlung war Elisabeth sicher über Leben und Streben mancher ihrer religiös aufgeschlossenen Zeitgenossen informiert. Noch vor dem Tod des Franz von Assisi († 1226) kamen die ersten Franziskaner nach Deutschland, einige auch nach Thüringen. Elisabeth wies ihnen eine Kapelle für ihre Niederlassung in Eisenach zu. Von einem Franziskanerbruder ließ sie sich unterweisen, Keuschheit, Demut und Geduld zu üben, im Gebet zu verharren und Werke der Barmherzigkeit zu leisten. Wie viele ihrer Zeitgenossen weiß Elisabeth sich im Dienst am Schwachen als Dienerin Gottes; im Gespräch mit Gott empfängt sie Trost; tröstend wendet sie sich den Armen zu.

Nächtliche Gebets- und Bußübungen haben ihre Dienerinnen und Hofdamen beeindruckt. Die Fürstin bekundet ihren Lebensgefährtinnen gegenüber großes Vertrauen und nivelliert ständische Unterschiede, wenn sie Fragen gestattet, die als indiskret, als plump vertraulich ausgelegt werden können. Warum sie – statt nachts zu beten – nicht lieber mit ihrem Mann schlafe? Elisabeth antwortet, selbst wenn sie nicht immer beten könne, wolle sie doch ihrem Fleisch Gewalt antun und sich von ihrem über alles geliebten Mann losreißen. Daß sich die Liebe zu Gott auch in der ehelichen Liebe leben läßt, war im 13. Jahrhundert zwar nicht unbekannt. Doch ist Elisabeth bemüht, dem leidenden Christus nachzufolgen. Gelegentlich einer Messe wird sie durch den Anblick des Gekeuzigten bis zur Ohnmacht beeindruckt. Ihr Zeitgenosse Franz von Assisi empfing die Wundmale. Bezeichnenderweise ändert sich in dieser Zeit die Art der Darstellung Christi in den bildenden Künsten. War in früheren Jahrhunderten ein lebender, herrschender Christus am Kreuz gezeigt worden, so kommen nun mehr und mehr Darstellungen des leidenden, sterbenden oder auch toten Jesus auf. Die Wundmale, in späterer Zeit noch mit leuchtend blutroter Farbe ausgemalt, nehmen die Sinne des Betrachters gefangen. Nachfolge Christi bedeutet auch für Elisabeth, ihren Erlöser durch den letzten Tag vor seinem Tod zu begleiten, ihn nachzuahmen. Jesus betete, während seine Jünger sich vom Schlaf übermannen ließen; Elisabeth läßt sich nachts von ihren Dienerinnen zum Gebet wecken (schläft jedoch nicht selten auf dem Teppich vor ihrem Bett über dem Gebet ein), oft auch mit Ruten schlagen; darauf kehrt sie fröhlich wieder in ihr Bett zurück. Trägt sie prächtige Gewänder, so legt sie rauhe Unterkleidung aus Schaf- oder Ziegenwolle an. In Wolle kleiden sich Menschen, die Buße tun wollen. Solche Übungen erlegte sie sich anfangs vor allem in der Fastenzeit, freitags und in Abwesenheit ihres Mannes auf; nach dem Gelübde, das sie ihrem Beichtvater leistete, auch außerhalb dieser Zeiten. Die bislang erwähnten Bußübungen blieben der Öffentlichkeit verborgen, in der sie sich – getreu einer Aufforderung Jesu – heiter und lustig zeigte. Andere Verhaltensweisen bezeugen öffentlich christliche Demut: In Abwesenheit ihres Mannes geht Elisabeth oft in einfachen Kleidern. In der Kirche macht sie mehr Kniebeugen als üblich; bei der Verlesung des Evangeliums und bei der Wandlung legt sie ihren Schmuck ab: Sie will nicht als Herrscherin in Erscheinung treten, wenn das Leiden des Herrn der Welt vergegenwärtigt wird.

Bis ins 20. Jahrhundert war es vielerorts üblich, daß Frauen nach der Geburt „ausgesegnet" wurden, ein Brauch, der auf rituelle Reinigungsvorschriften des Alten Testaments zurückgeht. Zu Elisabeths Zeit suchten bei dieser Gelegenheit adlige Damen in vornehmer Kleidung, mit großem Gefolge die Kirche auf. Anders Elisabeth: Mit schmucklosem wollenen Gewand bekleidet, barfuß, trägt sie das Neugeborene persönlich zur Kirche, auch wenn der Weg rauh und lang ist. Zum Dank für die glückliche Geburt bringt sie als Opfer eine Kerze und ein Lamm dar, „nach dem Beispiel der heiligen Jungfrau", wie eine Dienerin ausführt.

Mehrfach im Jahr wurde Gott in einem Flurumgang mit Bitt- und Bußcharakter um Segen für die Erde, für Pflanze, Tier und Mensch gebeten. Elisabeth beteiligte sich an diesen Prozessionen. In Wolle gekleidet und mit nackten Füßen stellte sie sich während der kurzen Predigten an den Stationen ostentativ in die Gruppe der ärmsten Frauen.

Elisabeth begnügte sich nicht damit, durch solche Gesten ihrer Umgebung Denkanstöße zu geben, sondern versuchte, Damen, die zu ihr kamen, für ihre Vorstellungen zu gewinnen. Konnte sie sie nicht dazu bewegen, es ihr gleichzutun, so drang sie – sie mag zur Zeit dieser Gespräche achtzehn, neunzehn Jahre alt gewesen sein – bei ihren Besucherinnen auf einen Teilverzicht: Z. B. auf Tanz; oder auf die der zeitgenössischen Mode entsprechenden langen, bis an die Knie reichenden Prachtärmel (wie die Figuren am Königsportal der Kathedrale von Chartres sie tragen); oder auf aufwendige seidene Gewänder; oder auf eng anliegende, den guten Sitten nicht entsprechende Kleidung; oder auf den in dieser Zeit immer kostbarer werdenden Schleier ... So fortschrittlich, um nicht zu sagen revolutionär Elisabeths Denken und Tun im sozialen Bereich war, hier zeigte die Landgräfin sich als konservativ. Die Kreuzzüge hatten Europa mit anderen Arten der Kleidung bekannt gemacht und dadurch in der europäischen Mode ein Suchen nach neuen Formen ausgelöst. Im Laufe des 12./13. Jahrhunderts wurde die Kleidung anmutiger als im Frühmittelalter. Die Gestalt des Körpers, früher sorgsam verhüllt, zeichnete sich in der Kleidung wieder stärker ab. Die den weiblichen Körper eng umschließende Kleidung wurde vielfältiger – Ergebnis der Mode, der Konkurrenz unter Frauen *und* Schneidern. Reichtum der Kleidung und Raffinesse des Zuschnitts wurden offenkundig bei Festen, und hier besonders beim Tanz. Aus der Entwicklung der Mode gesehen, war es also durchaus stimmig, wenn Elisabeth hinsichtlich Kleidung und Tanz auf ihre adligen Standesgenossinnen einzuwirken suchte. Dabei war sie zu differenzieren bereit: Schmuck und festliche Kleidung sollten nicht etwa verworfen sein, sie sollten nur nicht der Eitelkeit dienen, nicht die Begierde der Männer rei zen, sondern Liebe und Zuneigung des Ehemannes erhalten und fördern.

Als Landgräfin kannte Elisabeth den Glanz des höfischen Lebens; ihre Stellung trug ihr Pflichten ein, denen sie gerecht werden mußte. Ihr Versuch, in führender Position das Ideal der Nachfolge Christi zu leben, mußte zu Spannungen, Konflikten, inneren Nöten führen. Elisabeth fand Rückhalt bei ihrem Mann und – seit Mitte der 1220er Jahre – bei ihrem Beichtvater Konrad von Marburg.

Magister Konrad (der Titel muß nicht unbedingt auf Studien an einer französischen oder italienischen Universität hinweisen), vielleicht aus einer Marburger Familie stammend, verfügte über weitreichende Verbindungen und beträchtlichen Einfluß bei den Großen von Kirche und Welt, dank seiner rhetorischen Begabung auch bei den Volksmassen. Schon unter Papst Innozenz III. († 1216) hatte Konrad zum Kreuzzug aufgerufen. Seit 1224/25 am thüringischen Hof, gewann er schnell das engste Vertrauen der landgräflichen Familie. Elisabeth wählte ihn zu ihrem Beichtvater. Mit Wissen und in Anwesenheit ihres Mannes legte sie im Frühjahr 1226 in Konrads Hände das schon erwähnte Gehorsams- und Keuschheitsgelübde ab. Später, als Witwe, äußerte sie sich einmal dazu, warum sie ausgerechnet Konrad zu ihrem Seelenführer gewählt hatte. Sie meinte, sie hätte auch irgendeinem Bischof oder Abt Gehorsam geloben können, aber diese – so stellte sie nüchtern fest – hätten Besitz; Konrad dagegen empfahl sich wegen der asketischen Strenge und der radikal von ihm gelebten Armut.

Auch die Armut, das dritte klassische monastische Gelübde, versuchte Elisabeth unter großen Schwierigkeiten als Fürstin zu verwirklichen. Freiwillig identifizierte sie sich mit den Armen in ihrer Kleidung (bei Abwesenheit ihres Mannes, im kleineren Kreis ihrer Dienerinnen), in ihrer Stellung (bei Prozessionen), im Dienst an Kranken, Krüppeln, Debilen. Sie zog sich damit Spott und Kritik zu; mehr als einmal wandten auch ihre Dienerinnen sich angewidert von ihr ab.

Die freiwillig übernommene Verpflichtung zum Gehorsam ihrem Beichtvater gegenüber stellte Elisabeth Tag für Tag vor schwere Prüfungen. Wiederholt hatte sie Gelegenheit, demütig ihren Stolz zu verleugnen einem Menschen gegenüber, dem Fingerspitzengefühl fremd war, der sich als Richter unbarmherzig, als Mensch eitel, wenn nicht sadistisch gebärdete. Charakteristische Szenen wurden später von Elisabeths Dienerinnen zu Protokoll gegeben. Konrad nahm sein Amt als Seelenführer u. a. in der Weise wahr, daß er Elisabeth aufforderte, seinen Predigten zuzuhören. Häufiger als die Quellen es berichten, dürfte Elisabeth in den Konflikt geraten sein, ob sie gehorsam Konrad zu folgen oder ihren gesellschaftlichen Verpflichtungen nachzukommen habe. Eines Tages hatte sich die Markgräfin von Meißen angesagt, eine Halbschwester ihres Mannes, der für seinen minderjährigen Neffen die Regentschaft in der Markgrafschaft Meißen führte; Ludwig legte seine Rechte und Pflichten so extensiv aus, daß es zu schweren Spannungen mit seiner Schwester gekommen war. Es hätte einen argen Verstoß gegen die auch vom Christentum gebotene Gastfreundschaft bedeutet, wäre Elisabeth in dieser Lage dem kurzfristig an sie ergangenen Ruf Konrads gefolgt, zu einer seiner Predigten zu ziehen. Konrad hatte für das Versäumnis kein Verständnis. Gekränkt ließ er Elisabeth ausrichten, wegen dieses Aktes des Ungehorsams wolle er die Sorge um ihr Seelenheil niederlegen. Elisabeth eilte gleich am folgenden Tag demütig zu Konrad, bat ihn, er möge ihr diese Kränkung verzeihen. Konrad lehnte ab. Daraufhin warf sich die Königstochter ihm zu Füßen, ihre Dienerinnen, denen Konrad die Hauptschuld zuwies, ebenfalls. Bis aufs Hemd entblößt, wurden daraufhin die Frauen von Konrad ausgepeitscht.

Gelebtes Christentum: Einsatz für Arme und Schwache

Für Frauen in der mittelalterlichen Gesellschaft gab es zwei Möglichkeiten, politisch handelnd in Erscheinung zu treten: Als Leiterin eines Konvents oder als Gemahlin eines Herrschers. Elisabeth nutzte ihre Stellung in einer bis dahin unbekannten Weise zu sozialem Engagement. Sie sah die Not der Menschen und brachte die Energie auf, sich mit ihrem Willen zur Hilfeleistung gegen Widerstände durchzusetzen.

Bei Kanonisationsverfahren mögen positive Seiten oft übertrieben, Schattenseiten unterdrückt werden; selbst wenn die Zeugen sich gemäß ihrem Eid strikt an die Wahrheit halten, können die das Verhör Leitenden erwünschte Antworten durch Suggestivfragen provozieren. In Elisabeths Fall spricht aber viel für die Glaubwürdigkeit der Aussagen: Nur wenige Jahre nach ihrem Tod wurden mit Dienerinnen und Hofdamen Augen- und Ohrenzeugen vernommen, die Elisabeth sehr nahegestanden hatten und deren Aussagen insgesamt sorgsam überliefert sind. Für die Glaubwürdigkeit spricht auch, daß nach Ausweis gleichzeitiger Quellen Elisabeth in ihrem exzentrischen, nach Meinung vieler Zeitgenossen skandalösen Verhalten keine Ausnahmegestalt, sondern Glied einer Bewegung war, die das ganze christliche Abendland durchlief und zu der sich viele Angehörige der Oberschicht bekannten: Unter großen persönlichen Opfern wollten Menschen radikal die Nachfolge Christi leben, wollten wie er auf der Seite der Armen stehen.

Wer ist arm? In den historischen Quellen erscheint Armut ebenso als schillernder Begriff wie in der heutigen Welt.

Ob jemand arm war oder als arm galt, darüber entschieden jeweils Zeit und Raum, Milieu, Schicht und Stand. „Arm" nannte man zur Zeit Elisabeths von Thüringen den Menschen, dem es für sich und für seine Angehörigen am Lebensnotwendigen fehlte, an Nahrung, Kleidung, Wohnung. Auch Alte, Kranke, die nicht selber für sich sorgen konnten, waren arm. Wenige Jahre vor Elisabeths Geburt stellte Hartmann von Aue in einem Versepos einen wohlhabenden jungen Adligen vor: „Der arme Heinrich" war unheilbar krank. Arm war ferner, wer schwach, schutzlos einem Mächtigen ausgeliefert war. In der Zeit der aufblühenden Universitäten galt schließlich auch der Unwissende als arm. Elisabeth hat sich vor allem *den* Armen zugewandt, denen es am Lebensnotwendigen fehlte, vor allem wenn sie zudem krank, als Aussätzige auch unheilbar krank waren.

Angesichts des labilen, ständig in Frage gestellten Gleichgewichts zwischen der Zahl der Esser und der Menge der Nahrungsmittel kam es trotz gewisser technischer Verbesserungen bis ins 19. Jahrhundert immer wieder zu Mißernten und Teuerungen. Dieses Leid finden wir in Märchen gespiegelt, hinter denen generationenlange kollektive Erfahrungen stehen: Hungersnot, Kindesaussetzung, Kannibalismus sind Motive aus „Hänsel und Gretel". Schon infolge einer geringen Beeinträchtigung der Produktion drohte dem größten Teil der Bevölkerung Unterversorgung. Eine normale Aussaat mochte den dreifachen Ertrag bringen. Ging der Ertrag nur um ein Drittel zurück, so halbierte sich die für die Ernährung zur Verfügung stehende Menge. Wer das Saatgut verzehrte, beschwor einen noch ärgeren Mangel im folgenden Jahr herauf. Vorratshaltung – modellhaft aus der biblischen Josefsgeschichte den Menschen vertraut – erwies sich in Mitteleuropa als außerordentlich schwierig wegen der geringen Überschüsse und unzureichender Speicherkapazitäten. Konnte die Landbevölkerung sich vor dem Hunger noch zeitweilig schützen durch den Verzehr von wildem Gemüse, Beeren und Wurzeln, so bedeutete Hungersnot für viele Stadtbewohner gesundheitliche Schäden, wenn nicht den sicheren Tod. Hinter dem Begriff „Teuerung", der in Quellen zum Leben Elisabeths begegnet, steht möglicherweise die Einsicht, daß es keinen absoluten Mangel gab, sondern daß man für das lebensnotwendige Getreide „nur" mehr Silbergeld aufwenden mußte als in normalen Zeiten, mehr, als den meisten Menschen zur Verfügung stand.

Die Quellen zu den Jahren 1225/26 – unter ihnen Aufzeichnungen aus Reinhardsbrunn, dem Hauskloster der Landgrafen von Thüringen – führen viele Seiten der Not vor Augen. Mit grimmigen Wintern, verregneten Sommern, Überschwemmungen, Dürre, Sturm schien sich der Himmel gegen Mensch, Vieh und Pflanze verschworen zu haben. Wucherpreise zwangen sogar ehedem Wohlhabende zu betteln. Das Fleisch von Hunden, Katzen und gefallenen Tieren wurde verzehrt, Mehl mit Erde gestreckt. Seuchen rafften Menschen und Tiere hinweg. Äcker blieben unbestellt, da es an Zugvieh fehlte und weil den Menschen Schwung und Kraft zur täglichen Arbeit abgingen. Die Robusteren waren – gelegentlich in Scharen – fortgezogen in Gegenden, in denen die Not (noch) nicht so groß war oder in denen dem Gerüchte nach noch Almosen verteilt wurden. Die zurückbleibenden Alten, Schwachen, Kleinkinder fielen in großer Zahl Unterernährung und Krankheit zum Opfer. 1226 erreichte die schon drei Jahre währende Not ihren Höhepunkt. Der Landgraf war nach Italien unterwegs, zu einem von Kaiser Friedrich II. nach Cremona ausgeschriebenen Reichstag (der dann allerdings nicht stattfand). In Abwesenheit ihres Mannes machte Elisabeth von ihrer Schlüsselgewalt Gebrauch und verteilte Vorräte, die Herrschaften wie die Landgrafen – anders als der „kleine Mann" – hatten anlegen können. Hiermit und mit dem Verteilen von Almosen verhielt sie sich nicht anders als kirchliche und weltliche

Große in Notzeiten; allerdings waren die meisten Klöster dem massenhaften Ansturm der abgerissenen, verarmten Hungrigen – Elisabeth soll zeitweilig bis zu neunhundert Arme täglich beköstigt haben! (Abb. 3) – schon längst nicht mehr gewachsen. Elisabeth ließ es nicht beim Üblichen bewenden. Zur Linderung der Not verteilte sie auch die laufenden Einkünfte der Landgrafschaft. Daß sie sich mit ihren neunzehn Jahren gegen Widerstände der Verwaltung durchzusetzen wußte, zeigen Beschwerden der Maier nach der Rückkehr ihres Mannes. Ludwig war mit dem Verhalten seiner Frau einverstanden, er ließ sich nur die Einkünfte zweier Burgbezirke (Wartburg und Neuenburg) ausdrücklich vorbehalten.

Hinter dem Streit zwischen Verwaltern und Elisabeth stand ein grundsätzlicher Konflikt: Kloster- und Adelsherrschaften müssen langfristig planen und vorsorgen; Notvorräte dürfen nicht auf einmal fortgegeben werden. Rationales Kalkül hat in solchen Notzeiten oft genug sogar dazu geführt, daß Vorräte in Erwartung steigender Preise spekulativ zurückgehalten wurden, um mehr Bargeld in die Kassen zu bekommen; meist war das Getreide kurz vor der Ernte am teuersten. Elisabeth orientierte sich nicht an Grundsätzen wie Steigerung der Einkünfte, Stärkung der Herrschaft, sondern an Forderungen des Evangeliums: Die Hungrigen speisen. Sie ging dabei weit über das Maß des in ihren Kreisen und in ihrer Zeit Üblichen hinaus; rücksichtslos setzte sie die Vorräte der Herrschaft zur Linderung aktueller Not ein und ergänzte die Hilfsmaßnahmen durch persönliche Opfer: Aus ihrem Besitz verkaufte sie Schmuck und kostbare Kleider, um mit dem Erlös Armen und Schwachen zu helfen. König und Adel hatten immer schon die Tugend der Freigebigkeit praktiziert – Elisabeth aber übte sie nicht, indem sie vergangene oder künftige Dienste mit großzügigen Geschenken belohnte; sie unterstützte vielmehr Menschen, von denen sie in keiner Weise Erwiderung der Großzügigkeit erwarten konnte.

Armen zu helfen war seit alters Pflicht der Vornehmen und Reichen. Wer die Öffnung der Getreidespeicher zugunsten der Hungernden anordnete, wer kostbaren Schmuck, wertvolle Kleider zugunsten der Armen verkaufen ließ, zeigte, daß er zu den Mächtigen gehörte. Der Mächtige verfügte über Vorräte, auch bei einer überregionalen Hungersnot konnte er sich sattessen. Er wußte sich zu beschaffen, notfalls mit Waffengewalt, was eine standesgemäße Lebensführung erforderte. Zum standesgemäßen Lebenszuschnitt gehörte auch die Fähigkeit, Bedürftigen Almosen zu geben.

Elisabeth aber trat aus dem Kreis der Mächtigen, der sich hilfreich zu den Armen beugt, hinaus. Sie trat selber in den Kreis der Armen und Verachteten hinein und setzte damit unübersehbare Zeichen. Sie begnügte sich nicht damit, Getreide verteilen und wertvollen persönlichen Besitz versetzen zu lassen. In den Aussagen ihrer Dienerinnen begegnen leitmotivisch drei Stichworte: Mit eigenen Händen arbeiten; Trost spenden; mit Heiterkeit wirken. Elisabeth verließ den Hof und begab sich persönlich zu den Unglücklichen; zeitweilig, noch nicht endgültig, teilte sie deren Leben.

Die meisten uns überlieferten mittelalterlichen Quellen wurden von Angehörigen der Kirche und des Adels aufgezeichnet; diese sehen die ländliche Bevölkerung – in der ersten Hälfte des 13. Jahrhunderts dürfte sie noch mehr als neun Zehntel der Gesamtbevölkerung umfaßt haben – stets zu Üblem aufgelegt. Elisabeth setzte sich über dieses weitverbreitete Vorurteil hinweg und ging über schlechte und schlammige Straßen, wie einmal betont wird, in die verqualmten, schlecht gelüfteten Behausungen der einfachen Leute. Da Glas noch jahrhundertelang ein Luxusprodukt war, hatten die Hütten nur kleine, mit Holzklappen verschließbare Öffnungen. Der einzige Raum diente als Küche und der Familie, vielleicht auch dem Vieh zum Aufenthalt. Die Menschen schliefen auf dem Boden auf Heu oder Stroh, das nur selten gewechselt wurde. Elisabeths Dienerinnen, an die Wohnkultur wohlhabender Burgherren gewöhnt, charakterisierten diese Behausungen als „schäbige Hütten". Elisabeth ließ sich von Schmutz und Gestank nicht abschrecken, sondern half, tröstete, ermunterte Kranke und Wöchnerinnen.

Elisabeth erkannte, daß ausgemergelte, unterernährte Menschen bei der Verteilung von Almosen und Armenspeise oft nicht rechtzeitig zur Stelle sein können und von Kräftigeren, Gesunden brutal beiseitegedrängt werden. Schon in diesem Abschnitt ihres Lebens beschränkte sich ihr Wirken nicht darauf, kurzschrittig auf aktuelle Not zu reagieren, vielmehr ergriff sie vorkehrende, langfristig wirkende Maßnahmen. In einem Gebäude am Fuß der Wartburg richtete sie ein Asyl für Kranke und Schwache ein. Mit solchen Siechenhäusern wurden zugleich drei Ursachen der hohen Morbidität und Mortalität bekämpft: Unterernährung, mangelhafte Hygiene, unzureichende Behausung. Der Teufelskreis von Elend – Anfälligkeit für ansteckende Krankheiten – Mattigkeit – verschärftes Elend oder Tod wurde damit aufgebrochen. – Eine der bekanntesten Legenden aus späterer Zeit knüpfte an Elisabeths täglichen Gang zur Pflege und Versorgung der Kranken an: Auf dem Weg zu den Armen wird sie von ihrem Mann gefragt, was sie unter dem Mantel trage. Sie antwortet „Rosen", schlägt den Mantel zurück und zeigt einen Rosenstrauß, in den die Lebensmittel wunderbar verwandelt waren. Daß die Legende schon bald nach dem Tod Elisabeths das caritative Wirken der ehemaligen Landgräfin umrankt hatte, wird in den Aussagen der Dienerinnen deutlich: Gelegentlich einer Armenspeisung konnte Elisabeth immer wieder ausschenken, ohne daß das Bier im Krug weniger geworden wäre.

Anfang des 13. Jahrhunderts gab es schon zahlreiche von Bischöfen oder Klöstern, Adligen oder Städten gegründete und unterhaltene Spitäler. Elisabeth aber ging über das zu ihrer Zeit Übliche hinaus, wenn sie Nächstenliebe als persönlichen Einsatz lebte. In den Aussagen von Hofdamen und Dienerinnen wird deutlich, daß sie sich damit unstandesgemäß verhielt. Das Personal kennt die Etikette und weiß, was sich für eine Landgräfin geziemt; es rügt, was sich nicht schickt. Wiederholt gingen die Dienerinnen auf Distanz; ihre Unmutsäußerungen reichten von leicht vorwurfsvollen Bemerkungen bis zu höhnischem Gelächter. Elisabeth ließ sich dadurch nicht irritieren. Obgleich sie stickige Luft nicht vertrug, ging sie zu den Armen, pflegte persönlich Kranke mit besonders abstoßenden Leiden, reichte ihnen die Speise, bettete und trug sie. Und das in Räumen, in denen – zumal im Sommer – ein ekelerregender Gestank herrschte, den ihre Mägde nur unter Murren ertrugen.

Elisabeth verschmähte es auch nicht, eine andere Art persönlicher Verantwortung für Arme zu übernehmen: Wiederholt wurde sie Taufpatin armer Kinder. Nutznießer von Pfarrpfründen ließen sich in Mittelalter und Neuzeit vielfach von schlecht besoldeten, am Rande des Existenzminimums dahinvegetierenden Klerikern vertreten. Diese waren zur Bestreitung ihres Lebensunterhaltes auf Gaben der Gläubigen angewiesen, Gaben, die vielfach wie Gebühren für bestimmte Dienstleistungen gefordert wurden. Zwar hatte das IV. Laterankonzil zu Lebzeiten Elisabeths die Einforderung solcher Abgaben untersagt, doch war schon immer der Weg lang vom Erlaß eines Verbotes bis zur Veränderung der Alltagswirklichkeit. Im seinerzeitigen Thüringen gab es jedenfalls Familien, die die bei der Taufe fälligen Gebühren nicht aufbringen konnten (vgl. das Märchen vom „Gevatter Tod"!). Elisabeth entrichtete für arme Kinder, die sonst wohl nicht getauft worden wären, nicht nur die

Stolgebühren, sondern konnte der betreffenden Familie noch unauffällig Hilfe zustecken.

Gespür für das Nützliche und für menschliche Würde

Aus manchen Maßnahmen Elisabeths spricht ein ausgesprochener Sinn für das Praktische, z. B. bei der Sorge um Verstorbene. Das Begräbnis der Toten ist erst spät in den Katalog der Werke der Barmherzigkeit aufgenommen worden (im Anschluß an das Buch Tobias). Jesus hatte den ihm nachfolgenden Jüngern schroff gesagt, die Toten sollten ihre Toten begraben. Für Verstorbene fertigte Elisabeth gelegentlich selber das Totenhemd an und duldete nicht, daß die Leichen Reicher in neues Leinen oder neue Hemden gekleidet wurden; hierzu solle man ältere Kleidungsstücke verwenden, die besseren sollten den Armen geschenkt werden. – Bei der Armenspeisung während der großen Hungersnot 1226 ließ sie jedem Bedürftigen täglich nur soviel geben, wie er brauchte; wahrscheinlich war mancher versucht, den Rest einer größeren Portion weiterzuverkaufen, vielleicht sogar zu einem Wucherpreis. – Mißernten und Viehseuchen konnten auch wohlhabende Menschen in Schulden stürzen; waren sie erst einmal in Schuldhaft genommen, so gab es für sie und ihre Familien aus dem Elend meist kein Entrinnen mehr. Es ist überliefert, daß die Landgräfin auch in solchen Fällen helfend eingriff.

Elisabeth erkannte den Wert der Arbeit, um aus Elend und Armut herauszufinden. Zwar begegnet schon im Neuen Testament eine positive Einstellung zur Arbeit, an die Benedikt anknüpfen konnte: In seiner „Regel“ machte er den Mönchen tägliches Gebet *und* tägliche Arbeit, auch körperliche Arbeit zur Pflicht. Doch widersprach das Arbeitsgebot allzusehr aristokratischem Denken und Fühlen, als daß es über Generationen für Adel und Kirche hätte verbindliche Norm werden können. Da die Spitzenpositionen in Bistum und Kloster bis in die Neuzeit mit Adligen besetzt waren, wurde von den kirchlichen Führern das Arbeitsethos des Neuen Testaments nur selten täglich vorgelebt.

In einem Hungerjahr gelingt es Elisabeth, Habenichtse bis zur neuen Ernte durchzubringen. Dann läßt sie an alle arbeitsfähigen Männer Hemden, Schuhe und Sicheln verteilen; die Schuhe, damit sie sich die Füße nicht an den Stoppeln verletzen, die Sicheln, damit sie sich bei der Getreideernte verdingen können. Da Eisenwerkzeug kostbar war, bedeuteten Sicheln willkommene Hilfe. Soziales Engagement verbindet sich hier mit einem Blick für das Machbare und dem Gespür für menschliche Würde, auch der Angehörigen der Unterschicht. Elisabeth leistete Hilfe zur Selbsthilfe. Statt demütigend um Almosen betteln zu müssen, waren die Männer nun in der Lage, sich und ihre Familien von der Arbeit der eigenen Hände zu ernähren.

Arme Frauen, denen Elisabeth Schmuck oder feine Kleidungsstücke in Ermangelung von Geld geschenkt hatte, wurden von der Landgräfin folgendermaßen ermahnt: Sie sollten damit nicht ihrer Eitelkeit frönen, sondern das Geschenk verkaufen und den Erlös für das Lebensnotwendige verwenden; *und* sie sollten „tapfer arbeiten". Hinter der Verkündigung einer Arbeitspflicht im Interesse langfristiger Bekämpfung der Not steckte ein Sozialprogramm, das erst Jahrhunderte später schrittweise von der Obrigkeit verwirklicht worden ist.

Leben von der Arbeit der eigenen Hände

Elisabeth lebte vor, was sie propagierte. Morgens und abends stieg sie über einen unbequemen Weg von der Wartburg zum Siechenhaus hinab, um Kranke zu pflegen – das war Arbeit, erst recht wenn man an das müßiggängerische

Leben ihrer adligen Zeitgenossen denkt. Hausbesuche bei Wöchnerinnen bedeuteten Arbeit. Die Verteilung von Getreidespenden in die Wege leiten und überwachen, den Kauf von Kleidung für arme Frauen auf dem Markt der Stadt veranlassen, all das war Arbeit, wie sie nicht zum Hofleben paßte. Unter aufopferungsvollem Einsatz der eigenen Kräfte und unter Herausforderung ihrer adligen Umwelt ging Elisabeth die Not nicht nur praktisch an; vielmehr machte sie die Armut zum Gegenstand des Gesprächs mit ihren Vertrauten; mit dem Problembewußtsein schaffte sie eine Voraussetzung für die Erarbeitung von Strategien zur Linderung des – global gesehen – bis heute ungelösten Armutsproblems.

Es ist nur konsequent, daß sie nicht von der Mühe anderer leben wollte. Ein nächtliches Gespräch mit ihrem Mann zu diesem Thema – von dem Caesarius von Heisterbach zu erzählen weiß – charakterisiert zwei ungewöhnliche Menschen. Elisabeth möchte „ein gutes und armes Leben führen, durch das wir Gott dienen können. – Was wäre das für ein Leben? – Ich wollte, wir hätten nur einen Acker Land und zweihundert Schafe. Ihr würdet das Land mit Euren Händen bebauen, und ich würde die Schafe melken. – Ich beglückwünsche dich zu deiner Einfalt . . . Liebe Schwester, wenn wir einen Acker Land hätten und zweihundert Schafe, so wären wir nicht arm, sondern recht wohlhabend“. Ist es der Traum vom einfachen Leben – heute möchte man sagen: vom alternativen Leben? Ist es nur das Wiederaufsuchen eines bäuerlichen Urzustandes, der – von Erwartungen und Träumen umsponnen – durch die Jahrhunderte immer wieder die Romantiker verlockt? Etwa 150 Jahre nach diesem Gespräch machte ein Wort mit drohendem Unterton in Europa die Runde, von England ausgehend: „Als Adam grub und Eva spann, wo war da der Edelmann?“

Elisabeth hatte die standesgemäße Verarbeitung von Leinen nicht erlernt. Wohl aber konnte sie Wolle spinnen, aus der dann - noch zu Lebzeiten Ludwigs - Kleidung für Arme und Bettelmönche hergestellt wurde (Abb. 4). In ihrer Zeit galt nicht die textile Handarbeit an sich, sondern das Verarbeiten von Wolle als unstandesgemäß, sozial deklassierend - wahrscheinlich deshalb, weil Wolle ungewaschen verarbeitet werden muß und dann noch Tierfett, Kot und Schmutz enthält, so daß an der Spinnerin ein schwer zu beseitigender Geruch haftet. In ihrer Witwenzeit verarbeitete Elisabeth Wolle für das Kloster Altenberg, das zwei Tagereisen lahnabwärts von Marburg entfernt war. Sie nahm dafür weniger Lohn als üblich; das Entgelt wurde aber im voraus, zusammen mit der Wolle geschickt. Wie ihre adlige Umwelt gerade diese Tätigkeit einstufte, macht der Bericht der Dienerin Irmengard deutlich: König Andreas hatte eine Gesandtschaft nach Deutschland geschickt, um seine verwitwete Tochter aus dem Gestank der Kranken, dem erbärmlichen Anblick der Behinderten, aus dem so ganz unstandesgemäßen Milieu in Marburg heraus- und nach Ungarn zurückzuholen. Als der Leiter der Gesandtschaft, der ungarische Graf Paviam, Elisabeth Wolle spinnen sah, bekreuzigte er sich und sagte: „Nie zuvor hat man die Tochter eines Königs Wolle spinnen sehen."

Herausforderung der höfischen Gesellschaft

Erstaunen und Unverständnis angesichts des so wenig standesgemäßen Verhaltens der Fürstin liegen in diesen Worten. Elisabeth hatte durch ihre Lebensweise schon früh die Aufmerksamkeit ihrer Umgebung auf sich gelenkt. Manches mochte man als Marotte eines Kindes abtun: Daß sie ihrem Gefolge vorauseilte, um rechtzeitig in der Kirche zu sein; daß sie dort ihren Schmuck ablegte; daß sie bei Tisch - entgegen der Sitte anderer vornehmer Frauen - neben ihrem Mann sitzen wollte; daß sie statt des standesgemäßen Weizenbrotes gelegentlich grobes Roggenbrot aß; daß sie – statt feines Leinen zu verarbeiten, wie adlige Damen – Wolle spann. All das hätte man vielleicht als Extravaganzen abtun und Elisabeth wohl nachsehen können. Aber dabei war es ja nicht geblieben. Die höfische Welt sah sich täglich durch Elisabeth in einer Weise provoziert, die weit das Maß des Tolerierbaren überschritt. Zwei Verhaltensweisen waren vor allem anstößig: Elisabeth befolgte höchst eigenwillige Speisegebote. Und: Sie stellte sich mit Aussätzigen auf eine Stufe.

Elisabeth hatte sich ihrem Beichtvater gegenüber dazu verpflichtet, auf Speisen und Getränke zu verzichten, hinsichtlich deren Herkunft sie kein reines Gewissen habe; konkret: Elisabeth sowie ihre Dienerinnen und Hofdamen, die sich diesem Gebot anschlossen, mußten Nahrung zurückweisen, die unrechtmäßig erworben, geraubt oder von Armen erpreßt worden war. Ludwig hatte das Gebot gebilligt; er soll sogar geäußert haben, auch er würde sich gern diesem Gebot unterwerfen; einstweilen machten ihm das jedoch seine beruflichen Pflichten unmöglich.

Auch von anderen Menschen wird in dieser Zeit der freiwillige, nicht einfach zu verwirklichende Verzicht auf unrechtmäßig erworbene Nahrung überliefert. Wenn nun auch die Landgräfin sich einem solchen Gebot unterwirft, wenn ihr Mann sein Einverständnis zu dieser Maßnahme gibt (und sich damit schärfster Kritik seiner Umgebung aussetzt), dann darf man sagen, daß das Speisegebot ein geschärftes soziales Bewußtsein auch einzelner Menschen der Führungsschicht sichtbar macht. Elisabeth hat nicht nur die Armutsfrage gesehen, sondern auch das, was man mit dem Wort Bauernbedrückung umschrieben hat: Eintreibung unrechtmäßiger Abgaben mit Waffengewalt, Einschränkung von Wald-, Weidenutzungs- und anderen Rechten, Manipulierung von Maßen und Gewichten im Interesse höherer Abgaben, hohe Säumniszuschläge bei Überschreitung der

Abgabetermine. Elisabeth erkundigte sich regelmäßig, ob die Nahrung aus unrechtmäßigen Abgaben stammte. Wurde die Frage bejaht, von ihrem Mann z. B. mit Zeichen, so wies sie im eigenen Haus die Speise offen zurück; war sie zu Gast, so tat sie geschäftig, als ob sie esse - konnte aber wohl nicht viele Menschen täuschen. Jedenfalls verstand der Hof ihr Verhalten als schweren Affront. Verletzt mußten sich nicht nur Ritter und Ministeriale fühlen, denen zur Bestreitung ihrer Aufgaben Güter zugewiesen waren, sondern auch Gastgeber, wenn Elisabeth bescheidene Speisen selber mitbrachte. Man konnte dann seinem Zorn nicht offen Luft machen, denn der Landgraf stand zu seiner Frau, und seine Macht war zu fürchten.

Wie ernst es Elisabeth mit der Einhaltung des Speisegebotes nahm und wie verbreitet die Praxis war, unrechtmäßig erworbene Nahrung auf den Tisch zu bringen, zeigen Aussagen ihrer Dienerinnen: Auf längeren Reisen mußten Elisabeth und ihr Gefolge wiederholt hungern, so daß die Landgräfin einmal bei einem langen Ritt ohnmächtig vom Pferde fiel. Da es unterwegs nicht immer einen Markt gab, auf dem man Nahrung hätte kaufen können, da man auch nicht allenthalben zuverlässige Bekannte hatte, die man um rechtmäßig erworbene Nahrung hätte bitten können, blieb gelegentlich als einzige Nahrung das Fleisch kleiner Vögel oder hartes Schwarzbrot, in warmes Wasser gebrockt, die typische Arme-Leute-Speise. Stammte die Nahrung aus den ihr zugewiesenen Gütern oder war sie anderer vertrauenswürdiger Herkunft, so forderte Elisabeth unter lauten Freudenbekundungen ihre Begleitung auf, sich mit ihr zusammen an Speis und Trank gütlich zu tun. Derartige Äußerungen werden Abneigung und Haß genährt haben.

Der Aufwand der Herrschenden für Kleidung, Nahrung und Wohnung sowie für kriegerische Auseinandersetzungen, kurz: für standesgemäßes Leben bedeutete unerträgliche Belastungen für die überwiegende Mehrheit der

Bevölkerung. Mit der Einhaltung der ihr von Konrad verordneten Speisegebote stellte Elisabeth täglich unübersehbar Grundlagen adliger Herrschaft in Frage. Sie demonstrierte weit mehr als nur eine Reaktion auf das luxuriöse Leben am Hof zur Zeit ihres Schwiegervaters. Ihr Verhalten zeigte, daß im 13. Jahrhundert radikale Gesellschaftskritik auch von Personen in Spitzenpositionen geübt wurde, und zwar nicht nur mit Worten, sondern vorgelebt unter Einsatz der ganzen Person und ohne Rücksicht auf die Reaktion der Umwelt.

Anstoß erregte Elisabeth ferner in ihrem Verhalten gegenüber Aussätzigen. Seit den Kreuzzügen trat die Lepra in Europa wieder verstärkt auf. Die langwierige, ansteckende Krankheit entstellt den Erkrankten entsetzlich: Verkrüppelte Glieder, schrille und kreischende Stimme, deformiertes Gesicht, Phasen fiebriger Hitze. Die Erkrankten waren unheilbar. Eine Methode der aktiven Immunisierung gibt es auch heute noch nicht. Das Mittelalter hat die Ansteckungsgefahr der Lepra überschätzt. Nach langzeitigem, direktem Kontakt mit offenen Leprosen erkranken nur etwa fünf bis zehn Prozent der Exponierten; Kinder sind für diese Krankheit empfänglicher als Erwachsene.

Die Aussätzigen wurden im wahrsten Sinne Ausgesetzte. Man ließ sie vielleicht am Rande der Siedlungen, „auf dem Felde“, vegetieren, doch mußten sie die Gesunden mit Klappern von weitem vor sich warnen. Man verdächtigte sie scheußlicher Verbrechen: Die einen sollten Brunnen vergiftet, andere unschuldige Kinder geschlachtet haben, um sich in deren Blut gesundbaden zu können; der „arme Heinrich“ erfährt von den Ärzten in Salerno, daß es gegen seinen Aussatz nur eine Arznei gebe: Das Herzensblut einer reinen Jungfrau, die freiwillig für ihn in den Tod gehe. – Wer als Aussätziger diagnostiziert war – und dazu gehörte auch mancher, der an irgendeiner der Lepra ähnlichen Krankheit litt – galt gesellschaftlich als tot. Es wurde ein

Requiem für das Heil seiner Seele gesungen; dann wurde der Kranke aus der Gemeinschaft der Lebenden hinausgeleitet. Gelegentlich scheute die Gesellschaft nicht vor offenem Massenmord zurück: Die Leprosen wurden zusammengetrieben und kurzerhand verbrannt.

Im Laufe der Kirchengeschichte haben wiederholt Priester, Äbte, Bischöfe im Rahmen der Gründonnerstagsliturgie Armen die Füße gewaschen. Auch hier geht Elisabeth in der Nachfolge Christi weit über das übliche Maß hinaus. Einmal versammelte sie an Gründonnerstag viele Aussätzige, wusch ihnen Hände und Füße – in Gegenwart von Gesunden sollten Aussätzige grundsätzlich eine Fußbedeckung tragen; das Lösen der Schuhriemen galt Aussätzigen schon als Tabuverletzung! – und küßte dann die mit den ekelhaftesten Geschwüren bedeckten Glieder. Bei anderen Gelegenheiten setzte sie sich neben Aussätzige, tröstete sie, machte ihnen Geschenke, ermahnte sie zur Geduld, auf daß ihnen der leibliche Schmerz zum Verdienst gereiche, „und sie scheute vor ihnen nicht mehr als vor Gesunden zurück".

Im Mittelalter wurde ein Spruch des Propheten Jesaja (53,3) auf Jesus bezogen: „ein Mann voller Schmerzen, mit Krankheit vertraut; wie einer, vor dem man das Gesicht verhüllt, war er verachtet – wir schätzten ihn nicht." Elisabeth brachte es fertig, in den Geringsten ihren Erlöser zu ehren. Ihre Umgebung dachte anders. Wenn die Landgräfin in derart provozierender Weise sogar Aussätzige küßte, zeigte sie an, daß sie sie als gleichrangig anerkannte und nicht als Ausgesetzte, denen oft kaum die Rechte von Tieren eingeräumt wurden. Sie erniedrigte nicht nur sich, sondern ihren Stand; sie erhob nicht nur diese Aussätzigen, sondern in ihnen alle Rechtlosen, Verachteten, Geschmähten.

Wie die verfeinerte, höfische Gesellschaft zur Zeit Elisabeths Aussätzige einstufte, macht mit brutaler Offenheit der altfranzösische Versroman „Tristan und Isolde“ deutlich, der am Hof des Landgrafen von Thüringen bekannt gewesen sein kann, hatte doch Elisabeths Schwiegervater als Förderer der Dichtkunst Wolfram von Eschenbach die französische Vorlage für dessen „Willehalm“ verschafft. Isolde soll wegen Ehebruchs verbrannt werden. Unter den zahlreichen Gaffern, die sich dieses Spektakel nicht entgehen lassen wollen, ist auch Ivein mit gut hundert Aussätzigen. Denen gelingt es, König Marc zur „Milde“ zu bewegen. Statt Isolde zu verbrennen, überläßt er sie Ivein und seinen abstoßenden Gefährten. Die Königin Isolde weiß, was standesgemäß ist: Lieber will sie verbrannt werden, als ihr Leben mit Aussätzigen teilen. Die Königstochter Elisabeth aber verletzte Normen ihres Standes, wenn sie sich um Abscheu und Ekel erregende Asoziale kümmerte. Darin lag eine Herausforderung der höfischen Gesellschaft, das bedeutete eine flagrante Maßverletzung – in ihren Kreisen mehr als ein faux pas. Elisabeths Ansichten und Verhaltensweisen mußten ihren Standesgenossen als gefährlich, ja umstürzlerisch erscheinen. Gewöhnlich wehrt sich die Gesellschaft gegen Menschen, die die überkommene Ordnung in Frage stellen: Sie werden kaltgestellt, korrumpiert, eingesperrt oder – wie z. B. Konrad von Marburg, Elisabeths Beichtvater – meuchlings aus dem Weg geräumt. Es konnte gar nicht ausbleiben, daß die Landgräfin den kalten Haß der provozierten Gesellschaft zu spüren bekam, wie es die Quellen wiederholt bezeugen. Mit der Befolgung des Speisegebotes und der Sorge um Aussätzige hatte sie die Geduld ihrer Umgebung auf eine harte Probe gestellt. Sie hatte schärfste Kritik provoziert. Solange Ludwig seine Hand schützend über Elisabeth hielt, mußten sich Anfeindungen auf Worte und Gesten beschränken.

Rückzug aus der höfischen Welt

Boten können etwa Mitte bis Ende Oktober 1227 die Nachricht vom Tode des Landgrafen nach Thüringen überbracht haben. Die Reinhardsbrunner Chronik - ihr liegt der Bericht Bertholds zugrunde, der als Hofkaplan und Vertrauter Ludwigs IV. auch über die persönlichen und privaten Geschicke des Landgrafenhauses gut informiert war - erzählt eindrucksvoll, wie Elisabeth diese Nachricht aufnahm. Damit sie die Unglücksbotschaft nicht aus unberufenem Munde erführe, suchte ihre Schwiegermutter sie auf. Elisabeth müsse starken Mutes sein, um nicht erschüttert zu werden von dem, „was deinem Mann, meinem Sohn durch göttliche Fügung widerfahren ist. - Wenn mein Bruder in Gefangenschaft geraten ist, kann er dank Gottes und unserer Getreuen Hilfe befreit werden. -'Er ist tot". Elisabeths Finger verkrampften sich. „Tot? Erstorben ist mir die Welt und all ihr Glanz." Sie steht plötzlich auf; ungestüm, wie von Sinnen durcheilt sie den Raum, stürzt sich gegen die Wand, trostlos weinend.

Mit zwanzig Jahren stand Elisabeth vor der Frage, wie sie ihre Zukunft gestalten sollte. Wenn sie gerechnet hätte, hätte sie an weitere zwanzig bis fünfundzwanzig Lebensjahre denken und sich für verschiedene gesellschaftlich anerkannte Lebensweisen entscheiden können: Als verwitwete Fürstin konnte sie, mit eigenem Hofstaat, sich um die Erziehung ihrer drei Kinder kümmern; das jüngste, Gertrud, hatte sie wenige Tage nach dem Tod Ludwigs geboren. Wie manch andere früh verwitwete Frau konnte sie an eine Wiederverheiratung denken. Sie konnte in ihre ungarische Heimat, an den Hof ihres Vaters zurückkehren. Sie konnte in ein Frauenkloster eintreten, was nicht unbedingt den Verzicht auf ihren Besitz bedeuten mußte. Ihre Tante Mechthild hätte sie sicher in ihren Kitzinger Konvent aufgenommen. Nicht standesgemäß wären folgende Lebensweisen gewesen: Eintritt in eine Gemeinschaft der neuen Bettelorden, Leben als Einsiedlerin, Leben vom Bettel.

Bis zur Volljährigkeit ihres fünfeinhalbjährigen Sohnes Hermann sollte ihr Schwager Heinrich vormundschaftlich die Regentschaft führen. Ludwig hatte ihm für die Zeit seiner Abwesenheit schon die Verwaltung der Landgrafschaft übertragen. Gegen Anfeindungen der Umgebung hatte Ludwig seine Frau in Schutz genommen; er hatte für ihre asketischen Übungen und ihr soziales Wirken Verständnis aufgebracht. Heinrich konnte das nicht.

Elisabeth wird schon bald zu spüren bekommen haben, daß sie nicht mehr über die Schlüsselgewalt verfügte, vielmehr der hausherrlichen Gewalt eines ihr wenig Wohlgesonnenen unterstand. Wer nüchtern die Erhaltung und Mehrung von Besitz erstrebte, mußte Elisabeths Art, Nächstenliebe zu üben, als weltfremd, töricht und der Herrschaft abträglich ansehen. Zudem wird man ihr aufreizendes Gebaren weder vergessen noch verziehen haben: Sich in schäbiger Kleidung im Palast zeigen, Kontakte zu Aussätzigen unterhalten, aufreizende Speisegebote befolgen. Wollte Elisabeth auf der Wartburg bleiben, mußte sie mindestens in diesem letzten Punkt zum Einlenken bereit sein – aus der Sicht ihrer Gegner endlich zur Vernunft kommen, aus ihrer Sicht einem Gelübde untreu werden. Zwar findet sich schon in den Aussagen der Dienerinnen die Behauptung, Elisabeth sei „aus der Wartburg hinausgeworfen" worden, doch wird man sie eher vor die Wahl gestellt haben: Entweder hörst du mit deinen permanenten Provokationen auf – oder du gehst. Elisabeth ließ es zum Bruch kommen und verließ im Winter 1227/28 die Wartburg.

Dieses Weichen ist mehr als ein „Fall Elisabeth". Ihm kommt in gewisser Hinsicht symptomatische Bedeutung zu. In der ersten Hälfte des 13. Jahrhunderts verliert die höfisch-ritterliche Kultur an Anziehungskraft. Elisabeth ist eine von vielen Frauen, die sich von diesem Lebenskreise ab- und sich einem Leben des Gebetes, freiwilliger Armut und des Dienstes am Nächsten zuwenden.

In Eisenach, unterhalb der Wartburg, findet sie im Lagerschuppen einer Schankwirtschaft notdürftig Obdach. In der Frühe läßt sie von den dortigen Franziskanermönchen das ‚Te Deum' anstimmen, Dank für die neugewonnene Freiheit. Ihre weitere Suche nach einem Quartier wird durch zwei Umstände kompliziert: Von der Burg bringt man ihr die Kinder hinunter; aus Furcht vor dem Landgrafen wagt in der Stadt niemand, ihr ein menschenwürdiges Obdach anzubieten. Ihre Bemühungen um eine angemessene Behausung für sich, ihre Kinder und ihre Dienerinnen bleiben vergeblich. Als sie aus einem Quartier in ein ähnlich unzureichendes umzieht, sagt sie beim Auszug den Wänden, die sie vor Frost und Regen geschützt haben, Lebwohl; „den Menschen würde ich gern danken, aber ich weiß nicht wofür".

Sie weiß nicht, wie es weitergehen soll. Die Not zwingt sie dazu, ihre Kinder aus der Hand zu geben; sie schickt sie an verschiedene, ferne Orte, wo sie sie in guter Hut weiß. Sie selbst gibt, wenn sie einmal etwas Ordentliches zu essen hat, auch davon noch den Bedürftigen. Daß nicht alle Armen ihre früheren oder jetzigen Wohltaten zu schätzen wissen, erhellt folgende Szene: Auf dem Weg zur Kirche geht Elisabeth gerade durch eine enge Gasse, in die man wegen des tiefen Schlammes Steine gelegt hat. Von Stein zu Stein mehr springend als gehend, konnte man auf diese Weise Füße und Fußbekleidung einigermaßen sauber halten; gepflasterte Straßen gab es in vielen Städten Deutschlands bis ins 19. Jahrhundert nicht. Eine alte, kranke Frau, der Elisabeth oft Almosen gegeben hatte, kommt ihr entgegen und stößt sie der Länge nach in den Schmutz. Nach Aussage der Dienerin trug Elisabeth diese Undankbarkeit mit Geduld, stand unter großem Lachen auf und wusch mit Freude ihre Kleider im Fluß. Elisabeth machte hier drastisch die Erfahrung, daß Hilfsbereitschaft nicht unbedingt Dankbarkeit auslöst, vielmehr Haß provozieren kann. Vielleicht brachte die Alte auch nur ihre Mißbilligung darüber zum Ausdruck, daß die Landgräfin sich so weit erniedrigt hatte.

Ohne Rückhalt und Trost ihres Mannes, in erbärmlichsten materiellen Verhältnissen lebend, gezwungen, die innig geliebten Kinder fortzugeben, nicht einmal von denen unterstützt, um die sie sich in Zeiten ihres Glanzes bemüht hatte, würde man mit Verzweiflung, Wut, Zorn rechnen. Kein Wort davon, wohl aber davon, daß sie sich in ihrer Bedrängnis Gott nahe wußte. Zwei Ereignisse fallen in die Zeit äußerster Entbehrung im Frühjahr 1228: Eine Vision und ein verschärftes Gelübde.

Zwar wurde in der Kirche theoretisch nie bestritten, daß Gott sich jedem Menschen unmittelbar zu erfahren geben kann. Zwar wurden die Visionen mancher Mystiker nach Prüfung durch die Amtskirche anerkannt. Doch Mystiker – und hier vor allem Frauen, die bis heute nicht zu Diensten am Altar zugelassen sind – gerieten schnell in den Verdacht, das priesterliche Mittleramt geringzuschätzen und zu den Ketzern zu gehören. Hinzu kam die Unsicherheit in der Beurteilung einer religiösen Erfahrung, die für die Mystiker nicht angemessen in Sprache umzusetzen ist. Trotz dieser Schwierigkeiten ist es Frauen vor und nach Elisabeth gelungen, ihre Visionen in eindringliche Worte zu fassen, z. B. Hildegard von Bingen vor, Mechthild von Magdeburg nach ihr. In der Fastenzeit des Jahres 1228 hat Elisabeth eine sich in ihrem strahlenden Gesicht spiegelnde Erfahrung. Auf drängendes Befragen ihrer vertrautesten Lebensgefährtin, Isentrud, sagt sie, in einer Schau habe sie gesehen, wie Jesus sich ihr erbarmungsvoll zugewandt und gesagt habe: „Wenn du bei mir sein willst, will ich mit dir sein.“ Sie habe darauf geantwortet: „So Du,

Herr, mit mir sein willst, will auch ich mit Dir sein, und niemals will ich von Dir getrennt werden.“

Die mystische Schau entzieht sich dem „Zugriff“ des Historikers. Er kann sie nicht überprüfen wie einen Brief, ein Siegel, eine Münze. Doch wenn er sich nicht in einen engen Positivismus flüchten will, muß er all das in seiner Darstellung berücksichtigen, was möglicherweise für das Handeln der Personen wichtig, wenn nicht ausschlaggebend war. Und dazu gehören Ängste, Sorgen, Vorurteile, dazu gehören auch Träume und Visionen insofern, als sie ebenso geschichtswirksam werden können wie kontrollierbare, wäg- und meßbare „Fakten“. In einem Augenblick der Erniedrigung, Niedergeschlagenheit und Ausweglosigkeit machte Elisabeth die Erfahrung, daß sie nicht allein war, daß Gott selber sie begleiten wollte. Eine solche Erfahrung konnte sie nur in der Überzeugung bestärken, daß der schwere Weg, den sie schon als Landgräfin eingeschlagen hatte, richtig war, daß es richtig war, kompromißlos an dem Speisegebot festzuhalten, daß es richtig war, sich mit Verachteten, Armen und Ausgesetzten auf eine Stufe zu stellen, daß es richtig war, Undankbarkeit freudig zu ertragen.

Noch aus einer anderen Richtung erfuhr Elisabeth im Winter 1227/28 Trost: Papst Gregor IX. nahm sie in seinen Schutz und betraute Konrad von Marburg mit der Wahrnehmung dieses Schutzes. Schutz der Armen und Bedrückten zählte seit Jahrhunderten zu den Formen christlicher Liebestätigkeit und damit zu den Amtspflichten des Bischofs. Angesichts des traditionell gespannten Verhältnisses zwischen den Landgrafen und den Mainzer Bischöfen verwundert es nicht, daß Erzbischof Siegfried II. von Mainz sich nicht für Elisabeth einsetzte. Grundsätzlich waren die in der Heimat schutzlos zurückgelassene Familie und der Besitz jedes Kreuzritters durch einen besonderen Frieden beschirmt; dieses Friedensgebot richtete sich prinzipiell gegen jeden, gegebenenfalls auch gegen einen Erzbischof oder einen Landgrafen. Seit Innozenz III. war die Zahl der päpstlichen Schutzverleihungen für Laienfürsten, Witwen und Waisen gestiegen. In den Genuß solchen Schirmes sind auffällig viele Mitglieder der landgräflichen Familie gekommen, sogar Elisabeths Schwiegervater, ferner ihre Schwiegermutter, später noch ihre Schwäger Heinrich und Konrad, schließlich auch ihre Tochter Sophie. Dieser Schutz bedeutete nun konkret, daß Elisabeth bei jeder Gefährdung ihrer Rechte Rückhalt an der höchsten kirchlichen Autorität des Abendlandes erwarten konnte. Das päpstliche Schutzversprechen dürfte die spätere Lösung des „Falles Elisabeth" erleichtert haben. In einem entscheidenden Punkt entsprach es jedoch nicht Elisabeths Vorstellungen von ihrem künftigen Leben: Als sie die Wartburg verließ, war sie bewußt in die Ungesichertheit hinausgetreten; Ungesichertheit war ein Synonym für Armut.

Die Erfahrung der Zuwendung Gottes wird Elisabeth in Überlegungen bestärkt haben, die sie seit dem Tod ihres Mannes anstellte, den Weg der Armut und Selbstentäußerung noch entschiedener, noch radikaler weiterzugehen. Von Tür zu Tür wollte sie betteln gehen. Über dieses Vorhaben sprach sie wiederholt mit Konrad, ihrem Beichtvater und Seelenführer, kraft päpstlichen Auftrags nun auch Schützer. Obwohl Elisabeth ihn „unter vielen Tränen" bat, ihr den Bettel zu gestatten, obwohl Tausende von Frauen und Männer ihrer Zeit, Franz von Assisi zum Beispiel, sich für diese besonders verachtete Form des Lebens entschieden hatten, verbot Konrad ihr diese Lebensweise. Auch Papst Innozenz III., der kirchlichen Armutsbewegung wohlgesonnen, hatte den Bettel als menschenunwürdig abgelehnt. In den Monaten der Erniedrigung und Gottesschau müssen sich Elisabeths Wille und Hartnäckigkeit noch verstärkt haben. Am Karfreitag 1228 legte sie in der Kapelle der Franziskaner in Eisenach in Gegenwart

Konrads und einiger Franziskaner auf den an diesem Tag völlig entblößten Altar ihre Hand und entsagte feierlich ihren Vertrauten, ihren Kindern, ihrem eigenen Willen, allem Prunk der Welt und all dem, was das Evangelium zu verleugnen gebiete. Als sie auch auf ihren Besitz verzichten wollte, griff Konrad ein. Er dachte daran, daß Elisabeth noch für Schulden ihres Mannes aufzukommen habe; dann - schreibt er später an den Papst - habe er gewollt, daß Elisabeth die Möglichkeit behalte, mit der Abfindung, die sie für ihre Mitgift erwarten konnte, den Armen Gutes zu tun.

Lösung des „Falles Elisabeth"

Die Nachrichten vom Tod des Landgrafen und den so ganz unstandesgemäßen Verhältnissen, in denen Elisabeth jetzt lebte, sprachen sich schnell herum. Ihre Tante, die Äbtissin Mechthild von Kitzingen, griff ein; wie, auf wessen Initiative, gegen welche Widerstände - dazu sagen die Quellen nichts. Sie führte Elisabeth zu ihrem Bruder, Elisabeths Onkel, Bischof Ekbert von Bamberg. Ekbert hielt es für das beste, daß Elisabeth wieder heiratete, und er sagte seiner Nichte das auch.

Verglichen mit früheren Jahrhunderten hatte sich die Lage der Frau erheblich verbessert. Ihre höhere Einschätzung spiegelte sich in der wachsenden Verehrung der Muttergottes, im hohen Ideal der Liebe in den Ritterromanen, in dem spürbaren Respekt vor dem Willen der Frau, wie er sich in Englands berühmter Magna Carta Libertatum 1215 äußerte: Keine Witwe darf zur Wiederverheiratung gezwungen werden, so lange sie ohne Gatten leben will (Art. 8). Elisabeth verdankte den erweiterten Freiheitsraum der Frau auch der ritterlichen Welt. Sie nutzte die ihr zugefallene größere Selbständigkeit dazu, sich von dieser

Welt abzuwenden und die neu gewonnene Freiheit weiter auszubauen. Sie erkämpfte sich eine Form aktiven Wirkens und geistlichen Lebens, wie sie den Frauen bis dahin nicht geboten war.

Eine Wiederverheiratung kam für sie nicht in Frage, hatte sie doch zu Lebzeiten ihres Mannes Enthaltsamkeit für den Fall gelobt, daß sie Ludwig überleben sollte. Sie betonte, sie habe ihr Gelübde nicht vom späteren Gefallen der Verwandten und Freunde abhängig gemacht, es vielmehr spontan, absolut und frei geleistet. Ihren Onkel, Bischof Ekbert, der wohl über ähnliche Hartnäckigkeit verfügte wie sie, ließ ein solches Gelübde unbeeindruckt. Nach einer Tradition trug er sich mit dem Gedanken, seine Nichte mit dem gerade verwitweten Kaiser Friedrich II. zu verheiraten. Elisabeth bestand auf der Freiheit der Ehe: Sollte sich ihr Onkel unterstehen, sie gegen ihren Willen einem Mann zur Ehe zu übergeben, so würde sie sich die Nase abschneiden; so verstümmelt würde sie jeden Bewerber abstoßen. Ekbert war offensichtlich von den Argumenten und der Entschlossenheit seiner Nichte nicht überzeugt; jedenfalls ließ er sie „mit geziemender Begleitung" festsetzen. Auf Burg Pottenstein in der Fränkischen Schweiz sollte sie so lange bleiben, bis er sie einem Manne zur Ehe übergebe.

Zwar war Elisabeth damit der Not der früheren Monate enthoben, zwar konnte sie wieder das Leben einer adligen Burgfrau führen, doch nach Aussagen ihrer Dienerinnen konnte sie der Zukunft nicht gelassen entgegenblicken. Wie sollte sie die Freiheit zurückgewinnen, ihr Leben so zu gestalten, wie sie es gewählt hatte? Selbstverstümmelung konnte für eine junge Frau von ein-, zweiundzwanzig Jahren nur ein allerletzter Notbehelf, keine Lösung sein.

In dieser Ausweglosigkeit erhielt sie Hilfe von den Getreuen ihres Mannes. Daß es zu harten Auseinandersetzungen und dem Weichen Elisabeths von der Wartburg hatte kommen können, ist sicher auch der Tatsache zuzuschreiben, daß in Thüringen geblieben war, wer den Strapazen eines Kreuzzuges nicht gewachsen war, Alte und Junge, unter ihnen die Brüder Ludwigs. Der Landgraf war von den Besten seiner Getreuen begleitet worden, die die Interessen ihrer Herrin einstweilen nicht wahrnehmen konnten. Auf dem Rückweg aus dem Heiligen Land gruben sie in Otranto den Leichnam ihres Herren aus. Die sterbliche Hülle wurde so präpariert, wie es üblich war, wenn ein Großer fern der Heimat starb. Der Leichnam wurde zerlegt und so lange gekocht, bis das Fleisch sich von den Knochen löste. Dann wurden die Weichteile an Ort und Stelle beigesetzt, das Herz gelegentlich an besonders vornehmer Stätte, in einer Kirche etwa. Die schneeweißen Gebeine Ludwigs wurden in einen kostbaren Schrein gelegt, von einem Packtier getragen und nachts in einer Kirche unter Gebeten bewacht; morgens wurden eine Messe gefeiert und Opfergaben gespendet, dann zog der Trupp weiter der Heimat zu. Der Bischof von Bamberg wurde informiert, daß das Trauergeleit durch seine Stadt kommen werde. Ekbert, der Jahre vorher die Verlobung Elisabeths mit dem Landgrafensohn eingefädelt hatte, läßt seine Nichte von Burg Pottenstein holen. In feierlicher Prozession ziehen Bischof, Priester, Mönche, Nonnen dem Zug entgegen. Unter Gebeten und Trauergesängen, begleitet vom düsteren Dröhnen der Glocken wird der Schrein in den Dom überführt und vor Elisabeth geöffnet. Angesichts der bleichen Gebeine bekennt Elisabeth sich zu ihrer Liebe und zur Kreuzzugsfrömmigkeit ihrer Zeit. Sie neidet Gott nicht den, der mit eigenem und ihrem Willen zum Schutz des Heiligen Landes aufgebrochen war. „Gott weiß, daß ich sein Leben allen Wonnen und Freuden der Welt vorgezogen hätte, wenn Gottes Güte ihn mir gelassen hätte." Könnte sie ihn wiederhaben – liebend gern würde sie die ganze Welt für ihn hingeben und mit ihm zusammen in äußerster Armut betteln gehen. Doch ist sie bereit, Ludwigs und ihr Geschick Gottes Willen unterzuordnen.

Im Anschluß an die Feier im Dom klagt Elisabeth den Getreuen ihres Mannes das Unrecht und die Belästigungen, denen sie ausgesetzt war. Offensichtlich hatte Ekbert inzwischen seine Pläne geändert. Vielleicht hatte er sich vom unbeugsamen Willen seiner Nichte überzeugt und nahm die Gelegenheit zu einer undramatischen Lösung wahr; vielleicht hatten ihn auch Ludwigs Getreue unter Druck gesetzt. Jedenfalls verhandelte er mit diesen darüber, wie man Elisabeths Witwengut herausbekommen könne und entließ dann das Trauergeleit zusammen mit der Witwe nach Thüringen.

In Reinhardsbrunn, dem südwestlich von Gotha gelegenen Hauskloster der Landgrafen, hatte sich inzwischen eine große Volksmenge versammelt. Auch hier ziehen Mönche und Kleriker in feierlicher Prozession unter Gebeten und Trauergesängen dem Zug entgegen. Die Beisetzungsfeierlichkeiten stehen in uralten christlichen Traditionen, wenn sie die Sorge um das Seelenheil des Verstorbenen mit der Sorge um das leibliche Wohl Bedürftiger verbinden: Meßfeiern, Gebete, nächtliche Psalmengesänge, Gaben an das Kloster, Almosen an die Armen. Im Beisein der Witwe, der Mutter, der Brüder wurde Ludwig IV. in der Familiengrablege der Ludowinger beigesetzt.

Am Rande der Trauerfeierlichkeiten wurde auch über den „Fall Elisabeth“ gesprochen, wobei die heimgekehrten Kreuzritter Elisabeths Schwager Heinrich wegen seines Verhaltens heftig angegriffen haben sollen. Neben anderen wird auch Konrad sich bei dieser Gelegenheit für seine Schutzbefohlene eingesetzt haben. Als Ergebnis der Verhandlungen wurde Elisabeth eine für die Zeit sehr hohe Summe in Aussicht gestellt: 2000 Mark, fast eine halbe Tonne Silber – ein weiterer Beweis für die Finanzkraft der Landgrafen.

Abb. 5 (zu S. 75)
Persönlich pflegt Elisabeth Leidende mit abstoßenden Krankheiten.
Detail aus Tafel 16 des Elisabeth-Zyklus für das Heilig-Geist-Spital in Lübeck.

Abb. 6 (zu S. 76)

Elisabeth besucht eine kranke Frau.

Elisabethkirche Marburg, Glasmalerei, um 1240

Sicher wurde nicht nur *über* Elisabeth gesprochen, sondern auch *mit* ihr. Schließlich hatte man ihre Hartnäckigkeit kennen und fürchten gelernt. Elisabeth war gerade der Gefahr entronnen, gegen ihren Willen wiederverheiratet zu werden. Sollte sie nun vielleicht in ein Kloster gehen, wie ihre Schwiegermutter? Elisabeth stellte nüchtern fest: Äbte sind reich. Ihren Vorstellungen von der Nachfolge Christi entsprach nicht die triumphalistische Kirche ihrer Zeit, personifiziert von wohlgenährten, fein gekleideten Prälaten hoch zu Roß, die – wie Ekbert – imposante Bauten aufführten. Mehrere Argumente dürften gegen den Eintritt in ein Kloster gesprochen haben: Er wäre einer Flucht vor der Welt und aus der Welt gleichgekommen, was einen Bruch mit ihrem bisherigen Leben bedeutet hätte; immerhin hatte sie als verheiratete Landgräfin kontemplatives Gebet mit dem Wirken *in* der Welt zu verbinden gewußt. Ferner hatte Elisabeth Anschauungsunterricht in den bestehenden klösterlichen Gemeinschaften: Die gut hundert Jahre alten Zisterzienser hatten „mit dem armen Christus arm sein" wollen; sie hatten Kutten aus grober, ungefärbter Wolle getragen, die beim Waschen weiß wird; sie hatten ohne Aufwand in der Speise gelebt, schlichte Kirchen gebaut, auf die Körperpflege verzichtet und das Ungeziefer als Buße willig ertragen; sie hatten von der Arbeit ihrer Hände gelebt. Je größer die Zahl der Anhänger wurde, desto weiter hatte sich der Orden von seinen Anfängen entfernt, hier ein Zugeständnis gemacht, dort einen Kompromiß für richtig gehalten. – Oder die Bewegung, die Franz von Assisi ins Leben gerufen hatte: Dienst am Nächsten in den Städten, Wanderpredigt, Pflege von Armen und Kranken durch die Einrichtung von Speisesälen und Hospitälern, Armut, Gebet – eine Lebensweise, die Elisabeths Vorstellungen vom christlichen Leben entsprach. Aber sie konnte wissen, daß es schon zu Lebzeiten des hl. Franz Auseinandersetzungen zwischen einer strengen und einer gemäßigten Richtung gegeben hatte, die sich nach dem Tod des Gründers verstärken sollten. Die gemäßigte Richtung überwog; 1230 beschloß die Mehrheit, daß der Erwerb von Eigentum den Niederlassungen erlaubt sein solle.

Schwester in der Welt

Grundmuster aristokratischen Denkens schlagen bei Elisabeth durch, wenn für sie ein Superlativ gerade gut genug sein soll: Da Konrad ihr das Betteln von Tür zu Tür verboten hat, entscheidet sie sich für ein Leben als „Schwester in der Welt". Nach Aussage ihrer Dienerin Irmengard hat sie diese Lebensform gewählt, weil es die am meisten verachtete gewesen sei; hätte es eine noch weniger angesehene gegeben, so hätte sie sich dafür entschieden. Mit ihrer Entscheidung, *in* der Welt nach strengsten Normen der Evangelien zu leben, stand Elisabeth in der Tradition von Menschen, die ihren Zeitgenossen rätselhaft geblieben waren, wie z. B. der Lyoner Kaufmann Valdes. In den 1170er Jahren verkaufte er seinen Besitz, gab den Erlös den Armen (nachdem er für Frau und Kinder gesorgt hatte), trug einfache Wollkleider, lebte bettelnd als Wanderprediger. Wer ihn vorher gekannt hatte, hielt ihn verständlicherweise für verrückt. Oder die Beginen: Ebenfalls in den 1170er Jahren schlossen sich Frauen, vor allem aus den obersten Schichten, im Bistum Lüttich, in Flandern, in Brabant, dann ausstrahlend nach Frankreich und ins Rheinland, zu Gemeinschaften zusammen. Ohne feste Gelübde verpflichteten sie sich zu einem Leben der Armut und Keuschheit, der Arbeit und des Gebetes. Sie sperrten sich nicht hinter Klostermauern ein, sondern blieben in engster Berührung mit der Umwelt, pflegten Alte und Kranke, sorgten sich um Wöchnerinnen, reagierten flexibel auf Nöte ihrer Umgebung. Menschen wie die Beginen oder Valdes, oder Franz und seine Jünger, oder Elisabeth gaben mit ihrem Leben auch Antwort auf die Herausforderung, die die vor allem in Südfrankreich verbreiteten Katharer für die Kirche bedeuteten: Anders als Valdes in seinen Anfängen, anders als die Beginen entfernten die Katharer sich weit von der Lehre der Kirche und bauten eine Gegenkirche mit eigener Hierarchie, eigenen Sakramenten auf. Sie gewannen zahlreiche Anhänger, auch in der führenden Schicht, weil sie in Wandern, Fasten, Arbeiten und strengster Armut glaubwürdig waren. Die seinerzeitigen Bischöfe und Klöster konnten oder wollten kein weithin sichtbares Gegenbild christlichen Alltagslebens demonstrieren. Sie entschieden sich für die Gewaltmethode: In einem zwanzigjähigen Kreuzzug wurden die Albigenser bis 1229 ausgerottet, in den Untergrund abgedrängt oder zur Heuchelei gezwungen. Elisabeths Beichtvater und Defensor gehörte zur kirchlichen Reformbewegung *und* zu dem Apparat, der gewaltsam die Katharer unterdrückte: Er war glaubwürdig, arm und bestärkte Elisabeth in ihrem Vorsatz, als Schwester in der Welt das Christentum außerhalb von Klostermauern zu leben, damit einen ähnlichen Weg wie Beginen und Valdes zu gehen; gleichzeitig kämpfte er erbarmungslos mit Inquisition und Scheiterhaufen gegen vermeintliche und wirkliche Ketzer.

Wer sich dem Stil der höfischen Welt verpflichtet wußte, mußte daran interessiert sein, eine Verwandte wie Elisabeth so schnell wie möglich abzuschieben. Man wollte nicht täglich durch ihr Auftreten und ihren Umgang bis aufs Blut gereizt werden. Wahrscheinlich wurde deshalb am Rande der Begräbnisfeierlichkeiten in Reinhardsbrunn auch mit Elisabeth über ihren künftigen Wohnsitz gesprochen. Sie dürfte konkrete Vorstellungen entwickelt haben, denen man zu entsprechen suchte, um sie möglichst bald loszuwerden. Vor den Toren Marburgs wurden ihr zusätzlich zu der Barabfindung Ländereien zur Nutznießung überlassen, die sicher ihren Plänen entsprachen. Darauf wurde ein bescheidenes Häuschen aus Holz und Lehm gebaut. Bis zu dessen Fertigstellung richtete Elisabeth sich bei Marburg in einem verlassenen Hof ein. Unter einer Treppe, von ein paar Zweigen gegen Sonne, Wind und Wetter geschützt, hauste sie zusammen mit ihren Gefährtinnen, die Augen vom Qualm des „Küchen“feuers gerötet. Unter einer Treppe hatte, wie die Legende zu erzählen wußte, jahrelang Alexius vegetiert, ein junger Asket und Weltverächter. Das Alexiuslied hatte Valdes so erschüttert, daß er sich zu einem ganz neuen Leben bekehrte. Die Szene mit der unter der Stiege lebenden Elisabeth findet sich in der späteren, längeren Fassung des Berichts der Dienerinnen; möglicherweise handelt es sich hier um ein topisches Element. Doch könnten manche Einzelheiten aus dem Leben der Landgräfin nicht auch deswegen glaubwürdig sein, weil sie von anderen Menschen ihrer Zeit ebenfalls berichtet werden? Bei der Erzählung vom Hausen unter der Treppe muß es sich nicht um einen Topos handeln; vielmehr kann dieselbe rigorose Ausrichtung an einem gemeinsamen Vorbild Menschen an unterschiedlichen Orten, in unterschiedlichen gesellschaftlichen Schichten zum selben Verhalten veranlassen.

Marburg lag an der westlichen Peripherie des thüringischen Herrschaftsbereiches, etwa eine Wochenreise von Eisenach und der Wartburg entfernt. Planmäßig gegründet, hatte der Ort in der zweiten Hälfte des 12. Jahrhunderts Stadtrecht erhalten. Ähnlich wie in Eisenach waren auch hier Stadt und Burg einander zugeordnet. Möglicherweise lagen im Marburger Raum Güter, die Ludwig seiner Frau als Wittum übertragen hatte. Da die Menschen sich „mitten im Leben vom Tod umfangen“ wußten, wie es in einem mittelalterlichen Lied heißt, wurde früh für den Fall vorgesorgt, daß der Mann vor seiner Frau sterben sollte. Dann sollte für das standesgemäße Auskommen der Witwe gesorgt sein. Die Verfügung über das Wittum war Elisabeth von ihren Schwägern entzogen worden, wohl kaum aus purer Nichtsnutzigkeit. Nach allem, was man von Elisabeth wußte, stand zu befürchten, daß sie solche Güter nicht anders als ihren Schmuck und ihre kostbaren Kleider wie Eigentum betrachten und veräußern, sich nicht mit dem Recht des Nießbrauchs zufriedengeben würde. Solche Vermutungen erwiesen sich später als richtig: Vor ihrem Tod vermachte Elisabeth das Marburger Spital den Johannitern. Diese Verfügung wurde von den Landgrafen erfolgreich mit dem Argument angefochten, Elisabeth habe den Marburger Besitz nicht als Eigentum, sondern nur zur Nutznießung gehabt.

Elisabeth wird schon länger den Plan zur Gründung eines Spitals gehabt haben, denn das Grundstück war ihrem Vorhaben günstig: Es lag zwar außerhalb der Stadt, doch so nah dem Markt, daß man rasch Einkäufe machen oder einen Handwerker aufsuchen konnte. Es lag nahe der Lahn, jedoch vor Hochwasser geschützt, zudem in der Nähe einer Quelle. Spitäler hatten einen großen Bedarf an Trink- und Brauchwasser. Das Hôtel Dieu in Paris, eins der größten abendländischen Spitäler, beschäftigte zeitweise fünfzehn Wäscherinnen, die Woche um Woche acht- bis neunhundert Bettücher in der Seine wuschen. Zur Zeit Elisabeths hatten die meisten Spitäler eine Vielzahl von Aufgaben zu erfüllen: Sie waren Heim für Fremde, Pilger, alte Menschen, Ausgesetzte und Waisenkinder, sie waren Obdachlosenasyl, Entbindungsstation für arme Frauen, ferner Kranken-, vielleicht sogar Leprosenhaus.

Mit der Wahl des gerade (16. 7. 1228) heiliggesprochenen Franz von Assisi zum Schutzpatron des Marburger Spitals, es war das erste Franziskuspatrozinium nördlich der Alpen, zeigte Elisabeth, wie sehr sie sich in Denken, Verhalten und Zielen dem Poverello verbunden wußte; die Legende hat diese Bindung ausgeschmückt. Das Marburger Spital war die dritte Einrichtung dieser Art, an der Elisabeth mitwirkte. 1223 hatte ihr Mann in Gotha ein solches Haus gegründet und dotiert. Da nach damaligem Recht die Ehefrau bei der Veräußerung von Liegenschaften ein Mitspracherecht hatte, war es nur folgerichtig, daß in der Gründungsurkunde auf die Zustimmung Elisabeths eigens hingewiesen wurde. Selbständig handelnd hatte Elisabeth unterhalb der Wartburg das schon erwähnte Siechenhaus gegründet; es hatte achtundzwanzig Plätze, für jeden Verstorbenen sollte ein Kranker nachrücken. Man darf die Liebestätigkeit des Landgrafenpaares auch als eine Art Herrschaftszeichen verstehen: Wer zu Macht und Besitz gekommen war, bekundete seinen Rang mit der Gründung und Förderung von Klöstern, wie die ersten Ludowinger, oder mit der Pflege der Künste und dem Bau von Repräsentationsanlagen, wie Landgraf Hermann I., oder mit der Gründung und Ausstattung von Spitälern, wie Ludwig und Elisabeth. Um 1200 ist eine bezeichnende Wende im Verhalten finanzkräftiger Stifter zu beobachten. In früheren Jahrhunderten hatte der europäische Adel zahllose Benediktinerklöster geründet, die unbesiedeltes Land erschlossen; so handelte noch die hl. Hedwig von Schlesien, denn Ostmitteleuropa wurde erst später von dem Wandel erfaßt. Im Westen aber machten Adel und erstarkendes Bürgertum jetzt vielfach fromme Stiftungen zugunsten von Spitälern. Sie förderten Häuser, in denen Nächstenliebe praktiziert wurde an Armen, Waisen, Behinderten. Sie gaben damit Antwort auf eine Herausforderung der Zeit: In den rasch wachsenden Städten ging die Solidarität verloren, die in der Großfamilie ländlicher Hofgemeinschaften selbstverständlich gewesen war. Ohne diesen Schutz lebten nun Scharen von Armen und Kranken auf den Gassen der Städte, wo sie auf öffentliche Hilfe angewiesen waren.

Arbeit im Spital

Es war ungewöhnlich, daß eine Frau ein Spital gründete. Wenn Elisabeth sich wie Bischöfe, Klöster, Städte verhielt, dann spiegelte die Stiftung Rang und Selbstbewußtsein der Stifterin. Sie investierte ihre Abfindung in ein Haus, das als Stätte der Liebestätigkeit *allen* Mühseligen und Beladenen offenstehen, nicht – wie Klöster – primär ein Haus des Gebetes und der Selbstheiligung sein sollte. Zahlreiche Elende suchten im Marburger Spital Hilfe; sie fanden Zuwendung, Anteilnahme, Liebe.

Nach Gründung des Asyls unterhalb der Wartburg hatte Elisabeth ihre adlige Umwelt nur besuchsweise verlassen, um dann wieder zur sicheren Höhe der fürstlichen Burg zurückzukehren. Abstieg und Rückkehr zum eigenen Niveau sind für Wohltätigkeit und Sozialarbeit die Regel. Nun teilte Elisabeth endgültig das Leben der Erbärmlichen. Wer sich zum Dienst im Spital verpflichtete, leistete Gelübde wie beim Eintritt in ein Kloster: Armut, Gehorsam, Keuschheit, Dienst am Kranken. Die Wendung im Leben Elisabeths kam in der Kleidung zum Ausdruck: Sie nahm in einer Zeremonie, die im Marburger Schrein festgehalten ist, aus der Hand Konrads das graue, schmucklose Gewand, das die Dienerinnen in ihren Aussagen wiederholt erwähnen.

Aus Erzählungen konnte Elisabeth von einem der bekanntesten Spitäler der Christenheit wissen, dem der Johanniter in Jerusalem. Aus dem Jahre 1187 liegt die Ordnung dieser Stiftung vor, aus der hervorgeht, was seit mehr als hundert Jahren in Jerusalem praktiziert wurde: Die Krankenbetten sollten so bequem wie möglich zur Ruhe gemacht werden, sie sollten eine Zudecke und passende Bettücher haben. Jeder Kranke sollte zum Austreten einen Pelz, Schuhe und eine Wollmütze haben. Für die kleinen Kinder weiblicher Pilger sollten Wiegen bereitgehalten werden. Es sollte dafür gesorgt sein, daß im Haus geborene Säuglinge nicht durch die Krankheit ihrer Mütter in Mitleidenschaft gezogen wurden. Den Kranken sollten bekömmliche Speisen gereicht werden. Auch von frischem Fleisch, Obst und Gemüse ist die Rede. In dem Jerusalemer Spital der Johanniter sorgten sich Ärzte um das leibliche, Geistliche um das seelische Wohl der Gäste, das Haus als Ganzes um das soziale Wohl der Gesamtgesellschaft. Besonders kümmerte sich das Spital um Angehörige der Unterschicht: Bedürftige wurden gespeist und bekleidet, arme Heiratswillige mit einer Minimalmitgift ausgestattet.

Mit ihrem Spital in Jerusalem haben die Johanniter Maßstäbe gesetzt, an denen sich das abendländische Spitalwesen orientieren konnte. Sicher sah der Alltag auch in dem Jerusalemer Haus häufig prosaischer aus, als die Ordnung es gebot. Aber kann man sagen, daß alle 1187 genannten Ziele inzwischen verwirklicht sind, daß eifriger und liebevoller Dienst am Kranken, ohne Ansehen von Stand und Vermögen, selbstverständlich ist?

Beispiele (exempla) hatten für Wirtschaft und Gesellschaft im Mittelalter erhebliche Bedeutung. Manches der in Europa zu Lebzeiten Elisabeths gegründeten Spitäler nahm sich eine gegebene Ordnung zum Vorbild und paßte sie gegebenenfalls den örtlichen Verhältnissen an. Die Deutschherren z. B., die nach dem Tod Elisabeths das Marburger Spital in ihre Obhut brachten, orientierten sich an der Ordnung der Johanniter. Das Marburger Spital – anfangs ein bescheidenes Anwesen mit vielleicht zwanzig bis dreißig Plätzen und nicht zu vergleichen mit dem prächtigen Johanniterspital in Jerusalem – ist nicht gut dokumentiert. Die schriftlichen Quellen geben manche Hinweise, der archäologische Befund ist schwer zu deuten, weil das Areal des Spitals mehrfach anders bebaut worden ist. Es gab den Typus des Spitals, ähnlich dem Typus des Benediktinerklosters; darum darf man davon ausgehen, daß auch die Marburger Gründung mehrere Gebäude umfaßte. Ein aus

Fachwerk aufgeführter langgestreckter Saalbau mit einer Kapelle an der einen Stirnseite war wohl nach wenigen Monaten fertiggestellt. Die Kranken und Gebrechlichen lagen hier durch einen Mittelgang oder eine Säulenreihe nach Geschlechtern getrennt, wie man es von anderen Spitälern weiß, z. B. dem von Beaune in Burgund, das von 1443 bis 1971 ununterbrochen als Spital diente. – Ferner gehörten zum Marburger Spitalbereich Wirtschaftsgebäude sowie ein oder mehrere Wohngebäude für Elisabeth, das Personal, und auch für Konrad, der von hier aus zu seinen Predigt- und Ketzerbekämpfungsreisen aufbrach. Die Gebäude dürften um einen größeren Hof gruppiert gewesen sein, der anläßlich eines Festes erwähnt wird. Der ganze Spitalbereich war durch einen Zaun eingefriedet und ausgegrenzt.

Vor noch nicht langer Zeit hat man – stolz auf die Errungenschaften der naturwissenschaftlich orientierten moderneren Medizin – Mängel mittelalterlicher und neuzeitlicher Spitäler angeprangert, man hat auf unzureichende Hygiene und die große Ansteckungsgefahr hingewiesen. Im allgemeinen teilten sich zwei Kranke ein Bett.

Angesichts von Unzulänglichkeiten unserer Krankenanstalten sind die Historiker bescheidener in ihrem Urteil geworden. Auch das mittelalterliche Spital war um Sauberkeit bemüht, wie Wirtschaftsrechnungen zeigen. Jährlich verbrauchte das große Pariser Spital mehr als 1 300 Besen, jährlich wurden hier einmal die Wände getüncht und die Bettdecken aus Fell gereinigt. Während in unseren Krankenanstalten für menschliche Zuwendung oft Personal und Zeit fehlen, wird von Elisabeth berichtet, sie habe sich um den Einzelnen gesorgt, mit den Patienten geredet und sich Zeit genommen, ihnen zuzuhören. Während Sterbende heute oft sich selbst überlassen werden, erfuhr der Spitalbewohner sich früher bis in seine Todesstunde als Glied der Gemeinschaft. – Längst weiß man, daß es der ärztlichen Kunst nie gelingen wird, alle Krankheiten auszurotten. Wie frühere

Jahrhunderte, so strebt man auch in unserer Zeit mancherorts wieder bescheiden danach, vermeidbare Krankheiten zu verhüten und unvermeidbare erträglich zu machen.

Zum Personal kleinerer Spitäler gehörte im allgemeinen kein Arzt. Daß gegebenenfalls ärztlicher Rat gesucht wurde, geht aus der Aussage einer Dienerin hervor: Elisabeth war sich darüber klar, daß sie bei allzu strengem Fasten nicht mehr über die Kraft zum Dienst am Nächsten verfügen und sich damit gegen Gott versündigen würde. Deshalb konsultierte sie einen Arzt wegen des für sie vertretbaren Nahrungsentzuges. Sie setzte verständig Heilmittel ein; wo und wie sie das medizinische Wissen erworben hatte, wußte ihr Beichtvater, wie er betont, nicht zu sagen. Man darf daher davon ausgehen, daß im Marburger Spital Elisabeths nach Kenntnis und Möglichkeiten der Zeit auch für die Krankenpflege im engeren Sinne gesorgt war, zumal hier Wissen und Erfahrung gesammelt und weitergegeben wurden. Doch machten Kranke ja nur einen Teil der Menschen aus, die im Spital Hilfe suchten.

Zur Zeit Elisabeths war Europa hinsichtlich seiner materiellen Lage unterentwickelt. Die Gefahr, von einer Infektionskrankheit hinweggerafft zu werden, war weitgehend gebannt, wenn regelmäßig für Nahrung, Kleidung, ein Dach über dem Kopf, ein trockenes Bett und ein Minimum an Sauberkeit gesorgt war. In den von ihr gegründeten Spitälern sorgte Elisabeth für diese Grundbedürfnisse. Sie ließ es nicht bei Gründung und Leitung der Häuser bewenden, sondern legte zur Verwunderung ihrer Dienerinnen und ihres Beichtvaters selber mit Hand an, setzte sich persönlich bis zum äußersten ein. Vom Gestank der Kranken, von grauenhaften Geschwüren und Entstellungen, von ekelhaften Ausscheidungen ließ sie sich nicht abschrecken, sondern berührte Gesicht und Hände der Entstellten. Wenn sie Arme badet und bettet, weiß sie, daß sie im Geringsten Christus einen Dienst erweist; deshalb ist ihr wohl zumute.

Auf eine solche Äußerung entgegnet eine Dienerin ihr einmal: „Euch ist wohl bei solcherart Tätigkeit?! Ich weiß nicht, ob es anderen ebenso ergeht." Die Szene macht zweierlei deutlich: Elisabeth fand nicht einmal bei ihren unmittelbaren Mitarbeiterinnen Verständnis für das Maß ihrer Selbstentäußerung. Auch vor 750 Jahren hatten Menschen mit Gefühlen des Ekels und Abscheus zu kämpfen, wenn sie mit völlig verunstalteten, von Schmutz und Ungeziefer starrenden, stinkenden Wesen zu tun bekamen. Wahrscheinlich hat mancher in Elisabeths Spital zum erstenmal in seinem Leben die Erfahrung gemacht, wie ein Mensch behandelt zu werden.

Elisabeth teilte das Leben der Unglücklichen, wenn sie mit ihnen scherzte, ihnen Geschenke machte, ihre Wünsche erfüllte, ihnen Trost zusprach; sie ebnete die Gräben zwischen Adlig und Gemein ein, wenn sie die Erbärmlichsten und die Verachtetsten an ihren Tisch holte, um zusammen mit ihnen zu essen.

Elisabeth wandte sich weiterhin den Aussätzigen bzw. den als aussätzig Geltenden zu. Im Anschluß an die oben zitierte abfällige Bemerkung Irmengards folgt der Bericht über einen Heilungserfolg. Elisabeth hatte eine Gestalt, vor der ihren Dienerinnen schon auf weite Entfernung grauste (Abb. 5), eine widerlich stinkende, von Eiter und ekelhaften Geschwüren bedeckte Frau in ihr Hospital aufgenommen, sie gebadet und gebettet, frische Verbände auf die Geschwüre gelegt, ihr Heilmittel eingeflößt. Als Elisabeth vor ihr hinkniete, um die Schuhriemen zu lösen und die Schuhe auszuziehen, protestierte die Frau heftig; Aussätzige waren ja strengstens verpflichtet, die Füße bekleidet zu halten. Elisabeth muß sich über den Einspruch hinweggesetzt haben, denn es heißt, sie habe der Frau auch die Nägel an Händen und Füßen beschnitten. Elisabeth bereitete ihr ein Lager in einem Winkel des Hofes, verhielt sich also insofern konform, als sie die Aussätzige von den übrigen Spitalbewohnern absonderte. Zwar wurde schon vor Jahrhunderten die Quarantäne praktiziert, eine vierzigtägige Absonderung Krankheitsverdächtiger, doch darf man daraus nicht schließen, daß die Mechanismen der Krankheitsübertragung durch spezifische Erreger bekannt waren. Wären die Infektionswege genau bekannt gewesen, hätte Elisabeth – nach dem Urteil ihres Beichtvaters eine ungewöhnlich kluge Frau – sicher nicht mit ihrem Kopfschleier aus dem Gesicht von Kranken Schmutz und Schweiß, Eiter und Schleim gewischt. – Elisabeth besuchte häufig die Aussätzige, machte ihr das Bett, sprach und scherzte mit ihr, tröstete sie. Persönliche Zuwendung, Gespräch, körperlicher Kontakt mit der Erkrankten sind in einem der schönsten Fenster der Elisabethkirche in Marburg festgehalten (Abb. 6).

Wie als Landgräfin, so machte Elisabeth auch in Marburg bei den Elenden Hausbesuche. Wahrscheinlich konnte das Hospital nicht alle Aufnahmewilligen beherbergen, vielleicht wollten manche Bettlägerigen ihre Familien nicht verlassen – Elisabeth besuchte Arme, sah sich um, brachte mit, was fehlte, Brot, Fleisch und Mehl zum Beispiel. An anderer Stelle werden Speck, Fisch und Gemüse erwähnt – theoretisch war also für Kohlehydrate, tierisches Fett und tierisches Eiweiß sowie für Vitamine gesorgt.

Elisabeths Wirkungskreis umfaßte die Umgebung des Spitals auch insofern, als sie armen Schwangeren die Niederkunft in der Geborgenheit ihrer Gründung erlaubte. Eine Frau war noch Wochen nach der Geburt hier versorgt worden; eines Morgens zog sie zusammen mit ihrem Mann ab und ließ das Kind zurück. Um den Kindern armer Eltern oder lediger Mütter das Schicksal zu ersparen, irgendwo ausgesetzt zu werden, wurde später an manchen Klöstern und Spitälern eine von außen, im Schutze der Dunkelheit zugängliche Lade angebracht, in die man das Kind legte; schwenkte die Lade nach innen, löste sie ein Glockenzeichen aus, so daß das Kind herausgenommen werden konnte. Von solchem Perfektionismus war man im Marburger Spital um das Jahr 1230 weit entfernt. Als Elisabeth von dem Fortgang der Eltern erfuhr, ließ sie zunächst das Kind versorgen und dann nach den Eltern forschen.

Die im Spital geübte Wohltätigkeit wird sich schnell herumgesprochen haben, so daß Bedürftige aus eigenem Antrieb kamen. Gelegentlich rief Elisabeth die besonders Armen, besonders Schwachen, besonders Kranken ausdrücklich zu sich. Einmal, sie hatte gerade eine Jahresrate ihrer Barabfindung erhalten, ließ sie aus einem Umkreis von zwölf Meilen die Armen zu einem Fest zusammenrufen, bei dem sie beachtliches Organisationstalent an den Tag legte. Persönlich wollte sie die Gäste bedienen, war deshalb wieder mitten unter den Armen. Damit alles geordnet vor sich ging, sollten die Zusammengeströmten sich lagern; niemand durfte sich von seinem Platz entfernen. Wer aufstehen, den ordentlichen Ablauf der geplanten Geldverteilung stören und zum Schaden anderer ein zweites Mal das Almosen in Empfang nehmen wollte, wurde mit dem Verlust des Haares bestraft. Fünfhundert Mark wurden an diesem Tag verteilt, fast einhundertzwanzig Kilogramm Silber, ausgemünzt in siebzig- bis achtzigtausend Silberpfennige. Die Höhe dieser Summer sei an einigen Zahlen verdeutlicht: Für zwanzig Mark bekam man ein kleines Landgut; tausend Mark gab 1230 König Ottokar von Böhmen seiner Tochter als Mitgift in die Ehe. Für einen dicken Pfennig im Gewicht von eineinhalb Gramm Silber bekam man ein Huhn oder ein Dutzend Heringe; sechs Pfennig kostete ein kleines Schwein . . .

Abends waren die Kräftigeren unter den Armen gegangen. Im Schein des Mondes sah man manchen, in einen Winkel des Hofes gekauert oder an den Zaun des Spitals gelehnt, der zu schwach oder zu krank war, als daß er an diesem Tag noch hätte heimziehen können. Elisabeth ließ jedem Dagebliebenen, auch Kindern, weitere sechs Kölner Pfennige geben und – um die Freude vollkommen zu machen – Feuer anzünden sowie den Gästen die Füße waschen und salben (Abb. 7). Bis ins 20. Jahrhundert hatten auch in Deutschland auf dem Land Angehörige der Unterschicht oft kein Geld, um im Sommer Schuhe tragen zu können. Sicher sind auch die armen Gäste Elisabeths barfuß gekommen, sofern sie nicht wegen irgendwelcher Gebrechen getragen werden mußten oder sich mühsam auf allen Vieren kriechend zum Spital geschleppt hatten. Den Reisenden die Füße waschen und salben, war vielleicht auch nördlich der Alpen eine Pflicht des Gastgebers, mindestens war es ein Akt der Barmherzigkeit, der in der Elisabethkirche in Glasmalerei und am Schrein bildlich dargestellt ist; am Schrein ist auch ein „Schemeler" mit verwachsenen Füßen abgebildet, wie er die linke Hand der Almosen austeilenden Elisabeth entgegenstreckt, sich mit der rechten auf einen der beiden „Schemel" stützt: Ein Rundholz mit vier „Beinen", die dafür sorgen, daß die Fingerknöchel beim Fortbewegen nicht zerschunden werden (Titelbild). – Die Armen fingen an zu singen, Ausdruck ihres Wohlbehagens. Elisabeth sah sich bestätigt: „Ich habe es Euch (den Dienerinnen) gesagt, daß wir die Menschen froh machen müssen." Sie freute sich mit den Fröhlichen.

Freude schenken und trotz aller Widerwärtigkeiten sich selber freuen können, dadurch zeichnete Elisabeth sich aus; wie ein roter Faden zieht sich das Stichwort ‚Freude' durch die Zeugenaussagen. Die große Spannweite im Charakter der Spitalleiterin wird durch eine Begebenheit am Rande des Festes erhellt, die eine ungerechte, lieblose Elisabeth zeigt. Zufällig weilte an jenem Tage auch ein hübsches Mädchen im Spitalbereich, nicht, um ein Almosen zu erbitten, sondern um ihre kranke Schwester zu besuchen. Hildegund hatte die Anordnung, niemand dürfe seinen

Platz verlassen, nicht mitbekommen; unbefangen bewegte sie sich in der Menge. Sie wurde vor Elisabeth geführt, weil man nicht wußte, wie man mit ihr verfahren sollte. Als Elisabeth ihr ungewöhnlich schönes Haar sah, ließ sie sie kurzerhand scheren. Hildegund fängt laut an zu weinen; das Scheren der Haare ist – wie Prügel und Brandmarkung – eine der schimpflichsten Strafen der Zeit, das Kainsmal „geständiger" Ketzer. Auf Vorhaltungen der Umstehenden, die um die Schuldlosigkeit Hildegunds wissen, antwortet Elisabeth ungerührt, derart geschoren, werde das Mädchen jetzt wenigstens nicht mehr zum Tanz gehen. Elisabeth selber hatte als Mädchen gern getanzt, sich allerdings jeweils mit einem Tanz zufriedengegeben. In ihrer rücksichtslosen Unduldsamkeit scheint eine Haltung auf, die in der Kirche seit der Antike durch die Jahrhunderte immer wieder vertreten worden war: Tanz galt nicht als Ausdruck der Freude, als Spiel, sondern als Bekundung sittlicher Verworfenheit, Gelegenheit zur Sünde. Elisabeth fragt Hildegund, ob sie nie den Gedanken eines „besseren Lebens" erwogen habe. Diese antwortet, sie hätte sich bislang nur durch ihr schönes Haar von dem Vorsatz abhalten lassen, „Gott im geistlichen Gewand zu dienen". Daraufhin meint Elisabeth, es sei ihr lieber, daß Hildegund ihre Haare verloren habe, als daß ihr Sohn Kaiser werde. Hildegund stellte sich in den Dienst des Spitals.

Die Quellen, auf die der Chronist sich stützen muß, sollten der Heiligsprechung Elisabeths dienen. Es liegt in ihrer Natur, Lichtseiten im Charakter der Landgräfin und Spitalleiterin herauszustellen. Gelegentlich geben sie auch Auskunft zu Schattenseiten im Wesen Elisabeths, die weit davon entfernt war, der ausgeglichene, stets liebevolle, nie aneckende Charakter zu sein, den Künstler in Wort und Bild dargestellt haben (Abb. 8). Für sich nahm Elisabeth das Recht in Anspruch, sich für oder gegen eine zweite Ehe zu entscheiden; eine vergleichbare Freiheit räumte sie weder ihrem noch ungeborenen Kind noch Hildegund ein. Die ostentative Befolgung des Speisegebotes, die demonstrativen Solidarisierungsgesten mit Armen und Aussätzigen waren lieblos gegen ihre Standesgenossen; schließlich waren auch die Menschen am Hofe ihre Nächsten. Andere Fälle von Unduldsamkeit und Enge sollen nicht verschwiegen, allerdings auch nicht hochgespielt werden. Im Spital verstand man die Sorge um das leibliche und das seelische Wohl der Insassen als Einheit. Jeder Sieche konnte von seinem Bett aus der Messe folgen, beim Anblick des Gekreuzigten Trost suchen. Elisabeth verstand den Sakramentenempfang nicht als unverbindliches Angebot, sondern als Pflicht, der die Spitalbewohner nachzukommen hatten. Einer alten Frau half es daher nicht, daß sie sich schlafend stellte; mit Rutenstreichen bewog Elisabeth sie zum Beichtgang.

Jahrhunderte vor und nach Elisabeth hat es in der Kirche Bilderstürmer gegeben. Wie ein Vorbeben klingt die Erzählung einer ihrer Mägde: Elisabeth besucht einen Mönchskonvent, der völlig besitzlos von Almosen lebt. Als sie die reich vergoldeten Figuren in der Kapelle sieht, eröffnet sie den Religiosen kühl, sie hätten ihr Geld besser auf ihre Kleidung und Nahrung verwendet. „Das Bild Gottes nämlich, das diese Figuren darstellen, solltet ihr im Herzen tragen."

Die Zeugenaussagen machen deutlich, daß die ehemalige Landesfürstin manche einfachen Fähigkeiten, die sie für ihr Leben unter den Armen hätte brauchen können, nicht erlernt hatte. In ihrer Wartburger Zeit hatte ein Kranker einmal nach Milch verlangt; daraufhin bemühte Elisabeth sich vergeblich darum, eine Kuh zu melken. – Sie konnte auch nicht kochen; sie brachte nur fade, kraftlose Mahlzeiten zustande, weil es an Zutaten und ihr an der Kunst fehlte, wie eine Dienerin festellte. Unter dieser Unfähigkeit hatte vor allem ihr Personal zu leiden, denn für die

Abb. 7 (zu S. 78)

Elisabeth läßt Durstige tränken und wäscht einem Armen die Füße.

Elisabeth-Schrein, Marburg

Abb. 8 (zu S. 79)

Hl. Elisabeth aus der Freiburger Kartause, um 1516.
Entwurf: Hans Baldung Grien; Ausführung: Hans von Ropstein.

Spitalbewohner wird es eine eigene Küche gegeben haben. Oft gab Elisabeth sich mit in Wasser gekochtem Gemüse, meist gewöhnlichem Kohl, zufrieden; nicht selten brannte die „erbärmliche Speise" auch noch an, weil Elisabeth ins Gebet versunken war und nicht aufpaßte. Durch den Gestank alamiert, kamen ihre Mägde und zankten sie verständlicherweise aus. Erhielt Elisabeth einmal gute oder schmackhafte Nahrung, so entzog sie sich diese Delikatessen und gab sie an die Armen ihres Spitals weiter.

Elisabeth konnte nicht nähen. Ihren kurzen grauen Mantel hatte sie mit einem andersfarbigen Stück Stoff verlängert, die zerschlissenen Ärmel ihres Obergewandes mit Stofffetzen unterschiedlicher Farbe ausgebessert. Einmal überließ sie sich beim Kochen wieder meditativem Gebet. Darüber bemerkte sie nicht, daß ihre Kleidung Feuer gefangen hatte. Eine Magd, durch den Gestank versengter Wolle beunruhigt, konnte das Feuer noch rechtzeitig ersticken; mit ihrem Geschimpfe rief sie Elisabeth in die Wirklichkeit zurück. Diese setzte so gut sie konnte, auf das Brandloch einen weiteren Flicken. In ihrem schäbigen, abgewetzten, mit bunten Flikken übersäten Gewand muß sie, die an einem Tag fünfhundert Mark verteilen konnte, einen abenteuerlichen Anblick geboten haben. Wenn sie sich in ihrem Äußeren, wie auch in der Körperpflege, so vernachlässigte, dann wollte sie Zeichen setzen, wie viele ihrer Zeitgenossen: Freiwillig verzichtete sie auf Annehmlichkeiten des Lebens, die der überwiegenden Mehrheit der Bevölkerung zeitlebens verwehrt waren. Sie ging nicht anders gekleidet als Menschen der Unterschicht, die nur einen Flicken auf den anderen setzen konnten. Elisabeth war schon als Kind von ihrer späteren Schwiegermutter gescholten worden, sie wahre nicht genügend Distanz zum Personal. Später erinnern ihre Mägde sich, daß sie freundlich mit ihnen sprach, sie mit „Freundin" oder „Liebe" anredete, sie aufforderte, sich zu ihr zu setzen und sie nicht mit „Herrin" und „Ihr", sondern mit „Elisabeth" und „Du" anzureden, „wie ihresgleichen". Das lief auf eine Erniedrigung und Demokratisierung der Fürsten, eine Erhöhung und Nobilitierung des gemeinen Mannes hinaus. Auch bei diesem Bestreben stieß Elisabeth auf Grenzen, die in ihrer Herkunft und in ihrer Stellung begründet waren. Die Mägde redeten sie weiterhin mit „Ihr" an; sie sprachen von ihr als der „Herrin", auch wenn Elisabeth als niedrig geltende Arbeiten übernahm, z. B. das Spülen von irdenem Geschirr, an dessen Kanten man sich schnell die Hände blutig gerissen hat.

Das Unbehagen über die Auflösung gewachsener, bewährter sozialer Ordnungen, die dem Menschen Halt geben und ihm die Orientierung erleichtern, brach sich gelegentlich bei einer ihrer Dienerinnen Bahn: „Ihr verschafft Euch im Dienst an uns ein Verdienst, doch berücksichtigt Ihr nicht unseren Fall: So herausgehoben, können wir stolz werden, wenn wir an Eurer Seite sitzen und mit Euch zusammen essen." Der Vorwurf traf. Elisabeth versuchte nicht, sich zu rechtfertigen. Sie lud Irmengard ein zu einer Geste liebevollen Verstehens, mit der sie das Urteil ihrer Dienerin anerkannte: „Komm, setz Dich auf meinen Schoß."

Die Szene erhellt die Spannung, in der Elisabeth nach eigenem Willen lebte. Sie gehörte zwei Welten an, weiterhin auch der Welt, in die sie hineingeboren war. Sie übte noch immer Macht aus, wenn sie Geld, Schmuck und kostbare Kleidung verschenkte, wenn sie Befehle gab, im Fall des ausgesetzten Säuglings sogar dem Richter der Stadt; der Vater dieses Säuglings wußte, was sich gehörte, wenn er Elisabeth fußfällig um Verzeihung bat. Wie weit Elisabeth sich andererseits von den Lebensformen ihres Standes entfernt hatte, machte nicht nur der gedämpfte Protest ihres Personals und die harsche Kritik von Teilen des hessischen Adels deutlich, sondern auch ein Vergleich mit Äußerungen der 1179, nur zwei Generationen früher verstorbenen Hildegard von Bingen. Diese war gefragt worden, wieso sie in ihr Kloster auf dem Rupertsberg nur vornehme Damen aufnehme; Christus habe doch Menschen aus bescheidenen, wenn nicht armen Verhältnissen in die Urkirche berufen, Fischer zum Beispiel; nach Ausweis der Schrift habe Gott doch die ausgewählt, die man in der Welt verachte. Solche Argumente ließen Hildegard unbeeindruckt: Wer sammelt schon Ochsen, Esel, Schafe in nur einem Stall? Deshalb müsse man auch über soviel Unterscheidungsvermögen verfügen, daß man nicht Menschen verschiedener Herkunft in einer Gemeinschaft zusammenfasse. Die Begründung, die Hildegard für dieses Verbot gibt, enthüllt scharfe soziale Spannungen ihrer Zeit: Haßerfüllt könnten die Konvetsmitglieder unterschiedlicher sozialer Herkunft einander zerfleischen, der höhere über den niederen Stand herfallen oder der niedere über den höheren aufsteigen wollen. Hildegard räumt ein, daß Gott alle seine Geschöpfe liebt, doch unterscheide er – wie im Himmel zwischen Engeln, Erzengeln, Thronen usf. – auf der Erde zwischen den Angehörigen seines Volkes. Es ist bezeichnend, daß in ihrer Argumentation das Wort Stolz auftaucht, mit dem Blick auf etwaige Erhebungsgelüste der Unterschicht, nicht jedoch das Wort Demut. Der Gedanke, daß Angehörige des höheren Standes freiwillig dem niederen dienen könnten, ist ihr wohl nicht gekommen; ein Verhalten, wie Elisabeth es an den Tag legte, wäre von ihr wahrscheinlich als dem göttlichen Schöpferwillen zuwiderlaufend abgelehnt worden.

Verzicht auf die Kinder

Manche der Ideen, von denen Elisabeth sich leiten ließ, lagen sozusagen in der Luft; sie wurden dank der großen Mobilität der Gesellschaft und entsprechend guter Nachrichtenverbindungen rasch von Italien nach Deutschland, von Brabant ins Rheinland weitergetragen. Aber woher nahm eine Frau wie Elisabeth die Kraft, sich – ohne den Schutz eines Verbandes, wie die Jünger des hl. Franz ihn bildeten – mit solcher Entschiedenheit gegen Widerstände für das als richtig erkannte Neue einzusetzen, Vorwürfe der Verrücktheit und der Störung der göttlichen Ordnung hinzunehmen?

Seit dem Verlust ihres Mannes und dem Weichen von der Wartburg hatte sie an Entscheidungsfreiheit gewonnen, da sie auf die höfische Etikette keine Rücksicht mehr nehmen mußte. Daß die neue Lebensform ihr nicht einfach zufiel, daß sie erarbeitet, erkämpft werden mußte, wird aus drei Gaben deutlich, die sie nach Aussage der Zeugen im Gebet erflehte: Verachtung aller irdischen Güter; diese hatte sie also geschätzt, sie wußte, wessen sie sich entledigen wollte. Zweitens sollte Gott ihr die maßlose Liebe zu ihren Kindern nehmen. Auch die dritte Bitte läßt aufhorchen: Elisabeth möchte Verleumdung, Erniedrigung, Verachtung gern ertragen, da sie außer Gott allein nichts liebe. Erniedrigung freudig hinzunehmen, fiel also auch ihr nicht leicht.

Die zweite Bitte soll weiter bedacht werden: Wie stand Elisabeth zu ihren eigenen Kindern? Als sie in Eisenach nicht mehr ein noch aus wußte, hatte sie die Kinder fortgegeben, sie aber wohl später in Marburg zurückerhalten; denn sie soll ihr jüngstes Kind als letztes erst 1229 endgültig aus der Hand gegeben haben. Das Verhalten gegenüber ihren Kindern ist bei späteren Biographen auf Kritik gestoßen. Zur Erklärung wurde auf Elisabeths eigene Kindheit verwiesen, auch darauf, daß in mittelalterlichen Adelsfamilien selbst zärtlich geliebte Kinder einer Amme und später Erziehern übergeben, jedenfalls nur selten von den Eltern großgezogen wurden. Bei dem uns nicht nachvollziehbaren Verhalten gegenüber ihren Kindern konnte Elisabeth sich auf manches harte Wort des Neuen Testaments berufen; hatte Jesus doch sogar den gescholten, der zwar sein Jünger werden, doch vorher noch von seiner Familie Abschied nehmen wollte.

Aber so einfach lag der Fall nicht, betrachtete doch die Kirche ihrer Zeit die Erziehung der Kinder als Recht und Pflicht der Eltern. Führende Vertreter der Kirche hielten an dieser naturrechtlich orientierten Lehre auch dann fest, als die Frage laut wurde, ob man nicht berechtigt oder gar verpflichtet sei, Juden ihre Kinder wegzunehmen, um sie im christlichen Glauben aufzuziehen und ihnen durch die Taufe die vermeintliche ewige Verdammnis zu ersparen. Elisabeth erklärte: „Gott ist mein Zeuge, daß ich mich um meine Kinder kümmere wie um einen anderen Nächsten; ich habe sie Gott anvertraut, er mag mit ihnen schalten, wie es ihm gefällt.“ Diese Aussage stimmt nicht ganz; Elisabeth kümmerte sich um die eigenen Kinder weniger als um andere Nächste; sie wollte sich von der Bindung an ihre Kinder frei machen, um die Kinder der Armen betreuen zu können, um die sie sich schon in dem Siechenhaus unterhalb der Wartburg besonders liebevoll gekümmert hatte. Diese Kinder hatten sie „Mutter“ genannt, waren ihr von weitem entgegengelaufen, hatten sich an sie gedrängt. Auch unter ihnen hatte sie die am meisten Behinderten, die mit besonders entstellenden Krankheiten Geschlagenen in ihr Herz geschlossen; sie streichelte sie, zog ihre Köpfe an ihre Brust und vermittelte ihnen damit ein Stück Geborgenheit. Menschliche Wärme brauchen vor allem die, die von ihrer Familie nicht akzeptiert, von der Umwelt ausgestoßen sind, vor deren Abblick jedermann schaudert, die anzurühren sich alle ekeln.

Aus ihrer Marburger Zeit werden ähnliche Beweise der Zuwendung gerade zu Kindern berichtet, etwa, wenn sie ein besonders pflegebedürftiges Kind zu sich ins Bett nahm, es zur Verrichtung der Notdurft bis zu sechsmal nachts hinaustrug, was ihr nicht ersparte, anschließend ihr von Kot verschmutzes Bettzeug waschen zu müssen. Solche Arbeiten schob sie nicht auf ihre Mägde ab, sondern erledigte sie selber – heiter, wie rückblickend noch immer fassunslos die Zeugin zu Protokoll gab.

Trost und Demütigung

Trost fand Elisabeth im Gebet, in der Schau Gottes, im Geschenk der Tränen, ferner durch Papst Gregor IX., der sie ermutigte, auf ihrem schweren Weg weiterzugehen. Trost dürfte sie auch von manchem Besucher erfahren haben, von denen Konrad später zu berichten wußte. Der hessische Adel war sich keineswegs einig in der Ablehnung Elisabeths und ihrer Lebensart. Trost fand sie in ihrer Arbeit im Spital, im Gespräch mit Kranken.

Keinen Trost fand sie bei ihrem geistlichen Führer. Konrad von Marburg ist schon bei den Zeitgenossen umstritten gewesen, erst recht bei späteren Geschichtsschreibern; auch der Autor dieser Biographie sieht sich nicht in der Lage, die tiefen Schatten im Wesen dieses Mannes aufzuhellen. Aus den Aussagen der Dienerinnen spricht verständliche Abneigung gegen Konrad, die schon deshalb nicht allzu deutlich ausfallen durfte, weil er gefürchtet war und unter den Protokollführern saß. Konrad wollte Elisabeth, wie er später dem Papst schrieb, zur Vollkommenheit geleiten. Zwei Mittel hielt er für angemessen, dieses Ziel zu erreichen: Systematisch wollte er ihren Willen brechen, systematisch nahm er ihr Freuden des Daseins. Um die Standhaftigkeit seiner Schutzbefohlenen zu prüfen, ihre Demut zu stärken, entfernte er die Elisabeth seit Kindertagen vertrauten Lebensgefährtinnen; nicht alle auf einmal, sondern eine nach der anderen, „damit der Schmerz um so länger dauere“. Er wollte ihr allen menschlichen Trost entziehen; Gott allein sollte sie anhängen. Konrad dürfte zu den unglücklichen Menschen gehört haben, denen nie die Erfahrung vergönnt gewesen ist, Gott auch in einem freundlichen, gesunden Menschen zu begegnen. Statt der vertrauten Freundinnen wies er Elisabeth strenge, engstirnige Frauen zu, auf deren Loyalität er sich verlassen konnte. Elisabeth wurde von ihnen bei Konrad angeschwärzt, wenn sie seine Gebote übertreten hatte. Sie machte es Konrad allerdings nicht einfach. Auch er fürchtete ihre Verschwendung, die jede langfristig planende Wirtschaftstätigkeit unmöglich zu machen drohte. Da er oft auf Reisen war, mußte er damit rechnen, daß Elisabeth in kürzester Zeit das Spitalvermögen an Arme verteilt hätte, wenn er sie einfach gewähren ließ. Er hatte ihr etwa verboten, Einzelnen mehrere Pfennige auf einmal zu schenken; daraufhin gab Elisabeth den Bettlern, von denen mancher ihre Mildtätigkeit mißbraucht haben wird, mehrmals nacheinander je einen Pfennig. Also erlaubte Konrad nur noch, Brot zu verschenken; Elisabeth gab armen Bettlern jeweils ein ganzes Brot. Neues Verbot: Immer nur kleine Brotstückchen . . .

Elisabeth, wegen ihres auch Konrad nicht nachvollziehbaren Lebenszuschnitts zur Rede gestellt, rechtfertigte sich ihrem Beichtvater gegenüber damit, sie müsse Gegensätzliches mit Gegensätzlichem heilen. Sie, die über den Luxus des thüringischen Hofes verfügt hatte, die selbstverständlich ihren Spitalbewohnern ein Bad bereitete, lehnte ein Bad ab, das ihre Tante ihr gelegentlich eines Besuches in Kitzingen anbot. Sie, die durch Stellung, Vermögen, Schmuck, Macht zur Spitze der gesellschaftlichen Pyramide gehörte, teilte das Leben derer, die ganz unten in dieser Pyramide vegetieren mußten, als Menschen oft schon nicht mehr anerkannt. In deren Dienst, so versichert sie Konrad, erhalte sie „einzigartige Gnade und Demut" - eine Erfahrung, die fast wortgleich von Franz von Assisi überliefert ist. Als Konrad ihr verbietet, Aussätzige zu baden, wird sie krank, „durch allzu großes Mitleid und Erbarmen gestört". Konrad rechtfertigte das Verbot mit seiner Sorge um die zarte Gesundheit Elisabeths, die stärker als andere Menschen von Ansteckung bedroht gewesen sei.

Elisabeths Reaktion läßt sich nicht auf einen Nenner bringen. Einerseits unterlief sie Konrads Gebote, andererseits zeigte sie sich eingeschüchtert. Als ihre ehemaligen Vertrauten Guda und Isentrud sie besuchen kamen, traute sie sich nicht, ihnen etwas anzubieten; damit verstieß sie gegen das Gebot der Gastfreundschaft. Aus Furcht vor Konrad wagte sie auch nicht, Gott zu bitten, er möge ihr den Aufenthaltsort der Eltern des ausgesetzten Säuglings enthüllen; sie getraute sich nur zu beten, Gottes Wille möge sich erfüllen. Sogar in ihren Gebetsintentionen war sie nicht mehr frei.

Übertrat sie Anordnungen Konrads, so wurde sie von ihm mit Prügeln und Ohrfeigen bestraft. Zu welchen Verirrungen Konrad fähig war, wenn er meinte, jemand habe gegen den Buchstaben verstoßen, zeigt nicht nur sein Verhalten gegenüber Ketzern, sondern auch eine Szene vor dem Kloster Altenberg, für das Elisabeth gelegentlich Wolle verarbeitet hatte, und in das sie möglicherweise eintreten wollte oder sollte. Elisabeth war von den Nonnen eingeladen worden, die Klausur zu betreten. Auf ihre Frage, ob sie das dürfte, antwortete Konrad sybillinisch, sie möge eintreten, wenn sie wolle. Er will davon ausgegangen sein, daß Elisabeth gewußt habe, daß sie die Klausur nicht betreten dürfe. Elisabeth verstand die Antwort als Zustimmung. Als sie wieder herauskam, eröffnete Konrad ihr, sie habe sich durch Verletzung der Klausur exkommuniziert, sie habe sich gegen das Gehorsamsgelübde versündigt. Die Lösung: Irmengard, der Beihilfe schuldig (sie hatte den herausgereichten Schlüssel angenommen) und Elisabeth werfen sich auf die Erde; Konrad befiehlt seinem Begleiter, einem Bruder Gerhard, die beiden Frauen „mit einer langen und reichlich dicken Rute" zu verprügeln. Währenddessen stimmt er den Bußpsalm „Erbarm' dich meiner, Herr" an. Irmengard sagte später aus, noch nach drei Wochen habe man bei ihr die Striemen der Schläge sehen können, bei Elisabeth länger, da sie übler zugerichtet worden sei.

Elisabeths Denken spiegelt sich in einem Geichnis, mit dem sie im Anschluß an diese widerspruchslos ertragene Demütigung ihrer Dienerin Trost zusprach: Mit uns ist es wie mit dem Schilfrohr, das im Fluß wächst. Schwillt der Fluß an, so wird es niedergedrückt und neigt sich; das Wasser strömt vorbei, ohne das Rohr zu verletzen. Geht das Hochwasser zurück, so richtet sich das Rohr wieder auf. So müßten auch sie sich gelegentlich demütigen und sich anschließend wieder freudig und heiter aufrichten. Bei anderer Gelegenheit verglich sie sich mit einer Schildkröte, die sich während des Regens in ihr Haus zurückzieht.

Aus solchen Gleichnissen spricht die ungewöhnliche Überlegenheit eines jungen Menschen, der freiwillig auf seinen Willen verzichtet hat, einem engen Geist gegenüber; Elisabeth mag zur Zeit dieser Erfahrungen zwei-, dreiundzwanzig Jahre alt gewesen sein. Das Gespür dafür, daß man einer solchen Frau den Weg zur Heiligkeit nicht mit Prügel ebnet, ist Konrad abgegangen. Andererseits liegen von Elisabeth Äußerungen vor, die die Gelassenheit ihrer Gleichnisse nicht kennen, und in denen sie ihre Furcht rationalisiert: Wenn sie schon den Menschen Konrad so fürchte, wieviel mehr müsse sie dann Gott als den Herrn und Richter aller fürchten! Auch hinsichtlich des Gottesbildes steht Elisabeth an einer Zeitenwende. Der strenge, ferne Richtergott hat ihr in manchem romanischen Tympanon entgegengeblickt. Aber nicht dieser, sondern ein lieber, hilfsbereiter, den Menschen naher Gott hatte in einer Vision versprochen, ihr immer nahe zu sein.

Beim gemeinen Volk verfügte Konrad über großes Ansehen. Wegen seiner Unbestechlichkeit und seines integren Lebenswandels sah man in ihm eine prophetische Gestalt. Man wußte es zu schätzen, daß er auf der Suche nach

Ketzern auch vor hochgestellten Personen nicht Halt machte, aber man erkannte klar, daß er ein Richter ohne Barmherzigkeit war. Ein ihm nachgesagtes, vielleicht nicht authentisches Wort verkehrt die Schrift ins Gegenteil: Im Zweifelsfall sei es besser, daß neunundneunzig Gerechte verbrannt würden, als daß ein Schuldiger mit dem Leben davonkäme. In Gerichtsverfahren, die jedem Rechtsempfinden Hohn sprachen und die von den Zeitgenossen als unerhört erlitten wurden, gab es nach anonymer Denunzierung nur die Wahl zwischen Schuldbekenntnis und Tod. Unschuldige, die sich als Ketzer bekannten, um ihr Leben zu retten, büßten ihr Vermögen ein; als Zeichen der Ehrlosigkeit wurden ihnen die Haare geschoren. Wer ehrlich war und als Unschuldiger die Vorwürfe leugnete, wurde verbrannt. Diejenigen, die möglicherweise zu Unrecht auf den Scheiterhaufen geschleppt wurden, tröstete Konrad damit, sie würden als Märtyrer ins Paradies eingehen. Zwar lief auch Elisabeths Verhalten auf eine Störung der Ordnung hinaus, doch war in erster Linie sie selber das Opfer ihres Tuns und Lassens, andere Menschen nur insofern, als sie Ärgernis an ihr nahmen (von der oben erwähnten Verstümmelung Hildegunds sei hier abgesehen). Konrad verursachte mehr als eine Störung der Ordnung, er beschwor das Chaos herauf, und Opfer waren andere Menschen: „Und so klagte der Bruder den Bruder, die Ehefrau ihren Mann, der Herr den Diener, der Knecht den Herrn an. Es entstand ein unerhörtes Durcheinander." Konrad konnte Elisabeths Heiligsprechungsprozeß noch in die Wege leiten; zwei Jahre nach ihrem Tod wurde er erschlagen. Die Kirche hat offensichtlich nie den Versuch gemacht, ihn als Märtyrer heilig zu sprechen.

Von der sozialen Aufgeschlossenheit, der geistigen Weite und menschlichen Güte Elisabeths ist bei ihrem Seelenführer nur wenig zu spüren. Und doch, so möchte man meinen, hat er seinem Beichtkind einen großen Dienst erwiesen: Er bewahrte sie vor dem Abgleiten in die Häresie. Dank ihres Gehorsamsgelübdes war für Elisabeth die Versuchung geringer, die eigene Meinung zu verabsolutieren und auf diese Weise in Konflikt mit der Hierarchie zu geraten. In seinem Schatten war sie vor Verdächtigungen der Häresie sicher. Ein solcher Schutz war um so wertvoller, als Elisabeth auch als Mystikerin leicht in den Ruch der Ketzerei geraten konnte. Aus zeitgenössischen Quellen wird deutlich, daß schon ein Verdacht verhängnisvolle Folgen haben konnte. So sollte eine Klausnerin mit Katharern verkehrt haben; niemand gab ihr mehr Almosen. Sie vertraute sich einem gebildeten Kleriker an, fragte, wie sie sich vom Verdacht der Ketzerei reinigen könne. Im Vertrauen auf ihre Unschuld unterzog sie sich auf seinen Rat hin einem Gottesurteil, das gegen sie ausfiel. Sie wurde verbrannt.

Vor solchem Hintergrund wird deutlich, daß auch Elisabeth sich durch ihr Leben außerhalb gesellschaftlich anerkannter Normen in gefährliche Nähe zum Scheiterhaufen gebracht hatte. Sie war eine von Tausenden, die Ende des 12., Anfang des 13. Jahrhunderts von einer starken religiösen Bewegung erfaßt wurden. Außerhalb der reich gewordenen und erstarrten Orden machten Männer wie Franz von Assisi, Frauen wie Elisabeth mit der Erneuerung des christlichen Lebens durch Befolgung der evangelischen und apostolischen Weisungen ernst. Manche trennten sich von der Kirche – oder wurden aus ihr hinausgedrängt – und verkündeten Irrlehren. Aber auch, wer sich nur außerhalb der Klöster und Stifte für ein Leben in freiwilliger Armut und Keuschheit entschied, zog schnell den Häresieverdacht auf sich. Mehr als eine Frau, die den unzüchtigen Wünschen lüsterner Kleriker widerstrebte und ihre Keuschheit bewahren wollte, wurde böswillig der Ketzerei bezichtigt.

Elisabeth unterschied sich von den Häretikern: Sie predigte nicht, wanderte auch nicht mit Gesinnungsgenossinnen und -genossen durch die Lande (es sei denn im Gefolge Konrads); sie verbreitete keine Irrlehren über Eucharistie, Taufe und Beichte; sie verehrte Heilige und Reliquien; mit dem Blick auf unwürdige Priester widersprach sie nicht der Sakramentenlehre der Kirche; sie berief sich nicht auf Schriftstellen, die manchem ihrer Zeitgenossen verhängnisvoll geworden sind: Man muß Gott mehr gehorchen als den Menschen (Apg 5,29); gehet hin in alle Welt und predigt das Evangelium aller Kreatur (Mk 16,15) – aber sie führte mit anderen weltlichen Damen theologische Gespräche, drängte sie zu dem Versprechen, enthaltsam zu leben, falls sie ihren Mann überleben sollten. Später war sie – wie erwähnt – sogar zur Selbstverstümmelung entschlossen, um ihrem Gelübde treu zu bleiben. Frauen, die sich aus religiöser Überzeugung entschlossen, keusch zu leben, machten sich schnell häresieverdächtig. Schließlich fehlen auch in ihrem Leben nicht sektiererhafte Züge, etwa wenn sie Gott das weitere Schicksal ihrer Kinder anheimstellte, sich kritisch zur Bilderverehrung äußerte.

Ein Verdienst kann man Konrad nicht absprechen: Er hat dazu beigetragen, daß Elisabeth auf ihrer Gratwanderung nicht ausgeglitten ist.

Sterben, Tod und Grablege

Elisabeth starb im Alter von vierundzwanzig Jahren. Drei Schwangerschaften, harte Arbeit, Fasten, schwere seelische Belastungen, Schlafentzug durch nächtliches Gebet mögen den Körper so weit geschwächt haben, daß er einer Infektionskrankheit – vielleicht der Tuberkulose, von der vor allem junge Männer und Frauen in den produktivsten Lebensjahren hinweggerafft wurden – keinen Widerstand entgegenzusetzen hatte.

Eines Tages äußert Elisabeth, daß sie bald sterben werde.

Vier Tage später erkrankt sie schwer. Freunde, Mägde, auch Adlige versammeln sich um das Krankenlager. Neun Tage nach ihrer Erkrankung schickt sie die meisten Umstehenden fort. Es bleiben Mönche, Nonnen, ihr Beichtvater, aber auch ein Knabe, den sie aufopferungsvoll gepflegt hatte. Im Angesicht des Todes will sie sich in die Betrachtung des letzten Gerichts, des Erlösers, der Auferstehung der Toten versenken. Sie legt ihre Beichte ab, hat sich aber keiner Vergehen anzuklagen, die sie nicht schon mehrfach bekannt hätte, und kommuniziert. Sie vermacht den Armen, worüber sie noch verfügt. Sie will in der schäbigen Kutte begraben werden, die sie alle Tage trug. Sie spricht über das Beste, was sie in Predigten gehört hat, besonders über die Auferweckung des Lazarus. Sie fühlt sich schwach, nicht krank, ist sich aber der Abberufung sicher. Sie fordert die Anwesenden zu innigem Gebet auf und verscheidet, als wenn sie tief eingeschlafen wäre, zwölf Tage nach ihrer Erkrankung am 17. November 1231.

In Konrads Bericht - sicher stilisiert und durch die Darstellung vom Tod des hl. Martin beeinflußt - fallen uns heute Besonderheiten dieses Sterbens auf: Elisabeth weiß um ihr nahes Ende; niemand versucht, sie mit geheucheltem Optimismus zu täuschen. - Selbstverständlich haben Menschen des Mittelalters auch das qualvolle Sterben gekannt; gelegentlich wurde das lange Ringen mit dem Tod sogar aufgezeichnet.

Auf die Nachricht vom Tode Elisabeths strömte eine große Menge zusammen. Der Aufgebahrten wurden Fetzen von der Kutte, Haare und ein Finger, Teile der Ohren und der Brüste abgeschnitten. Deshalb braucht man nicht auf das Fortbestehen eines heidnischen Fruchtbarkeitskultes im Marburger Raum zu schließen, eher auf das Weiterleben uralter Anschauungen in weiten Teilen des Volkes. Wenn auch in unseren Tagen Idolen „Reliquien“ entrissen werden, zeigt sich darin die Lebendigkeit archaischer Denk- und Verhaltensweisen über die Jahrhunderte.

Der Begriff „Erbsünde" war den Christen lange Zeit geläufig; „Erbheil" dagegen kaum, obwohl die Vorstellung vom Königsheil sogar dem Neuen Testament vertraut ist: Christus stammt aus dem Geschlechte Davids – ein Gedanke, auf den sich Kaiser Friedrich II., mit Elisabeths Mann verwandt, stolz beruft. Der Gedanke eines besonderen, der Königssippe eigenen Heiles war auch den germanischen Stämmen vertraut: Herrscherhäuser wie das der Merowinger führten ihr Geschlecht auf einen Gott oder Heros zurück; der Glaube an die Heilmächtigkeit der französischen Könige lebte bis in die Neuzeit weiter. Das Christentum überlagerte solche Vorstellungen vom Stammes- und Königsheil, ohne sie zerstören zu können. Man war davon überzeugt, daß ein Mensch, der in der Nähe Gottes war, das ganze Geschlecht heiligte. Man glaubte, daß die in dem einzelnen Menschen – in König Stephan oder der Königstochter Elisabeth – wirksam gewordene Gnade und Zuwendung Gottes auch den kräftigen und schützen werde, der Reliquien dieses oder dieser Heiligen besaß, bei sich trug. Es wird verständlich, daß viele Menschen sich des Schutzes der verstorbenen Landgräfin versichern wollten. Reliquien der hl. Elisabeth wurden wiederholt erbeten und verschickt; ihrem Gürtel wurden im Spätmittelalter besondere Kräfte für leichte und gefahrlose Entbindung zugeschrieben; ihr Unterkleid hat noch Mitte des 17. Jahrhunderts auch „Uncatholischen" in Geburtsnöten geholfen.

Daß Elisabeth nach ihrem Tod in der Anschauung Gottes weilte, heilig war, daran zweifelte man schon wegen der Verdienste nicht, die sie sich zu Lebzeiten erworben hatte. Daß sie weiterhin half, erfuhren die Menschen gleich nach ihrem Tode: Einen Tag nach ihrer Beisetzung fand ein Zisterziensermönch, der vierzig Jahre lang an einer Geisteskrankheit gelitten hatte, Heilung an ihrem Grab.

Das Grab Elisabeths wurde schnell ein Pilgerziel, Marburg ein überregionaler Wallfahrtsort, von Menschen aller Stände schon lange vor ihrer feierlichen Heiligsprechung am 27. Mai 1235 aufgesucht. Unter den Pilgern waren einfache Landbewohner und die Kaiser Friedrich II. und Karl IV. Friedrich, eine der großen, rätselhaften Gestalten der mittelalterlichen Geschichte, kam nach den Worten des Caesarius von Heisterbach in ein graues Gewand gehüllt, mit nackten Füßen. Unter den Menschen, die die Verstorbene um Schutz baten, ihr Dank für Hilfe sagten, sie um Befreiung aus Not und Krankheit anflehten, waren in den ersten Jahren auffallend viele Kinder.

Wegen des großen Pilgerzustroms mußte eine große Wallfahrtskirche geplant werden. 1235 wurde der Grundstein zu einer der schönsten gotischen Kirchen in Deutschland gelegt. In Planung und Ausführung orientierte man sich an den modernsten architektonischen Vorbildern in Nordfrankreich. Dank der Spenden ungezählter Pilger und der Förderung durch den Papst und den Deutschen Orden konnte die Kirche 1283, nach nicht einmal fünfzigjähriger Bauzeit, geweiht werden.

Über welche Verehrung, welches Ansehen die sterblichen Überreste Elisabeths verfügten, wurde in der Reformationszeit deutlich: Landgraf Philipp, in direkter Linie von Elisabeth abstammend, ließ 1539 die Reliquien aus dem Schrein entfernen, um dem verhaßten „Götzendienst“ ein Ende zu machen; er wollte die Reformation in seinem Land konsequent zum Abschluß bringen. Sein Befehl, die Gebeine in ein Beinhaus zu werfen, auf daß man sie von anderen Knochen nicht mehr unterscheiden könne, wurde wahrscheinlich nicht ausgeführt. Zum weiteren Verbleib der Reliquien gibt es nur Vermutungen.

Selbstverwirklichung im Dienst am Nächsten

Nur vier Jahre nach ihrem Tod wurde Elisabeth heiliggesprochen. Zwischen Tod und Kanonisierung ihres Zeitgenossen Dominikus verstrich eine längere Zeit, obwohl dessen „Söhne", die Predigermönche, an der Kurie alles andere als einflußlos waren. Allerdings verfügte auch der Elisabeths Heiligsprechung betreibende junge Deutschherrenorden über eine nicht gerade ohnmächtige und mittellose Interessenvertretung; das zeigten Auftreten und Geschenke des Landgrafen Konrad anläßlich der Kanonisationsfeierlichkeiten am Pfingstfest 1235 in Perugia. Konrad hatte seiner Schwägerin einst ihr Erbe streitig gemacht; jetzt sonnte er sich im Glanz der Heiligen.

Dennoch bleibt es ungewöhnlich, daß eine Frau, eine liebende Ehefrau zudem, so schnell zur Ehre der Altäre erhoben wurde. Etwa ein Menschenleben später verherrlichte Jakobus von Voragine Leben, Leiden und Wunder der Heiligen in den „Legenda aurea", dem populärsten und am weitesten verbreiteten religiösen Volksbuch des Mittelalters. Aus den ersten tausend Jahren der Kirchengeschichte bringt Jakobus 122 Männer und 25 Frauen, zumeist Märtyrerinnen und Jungfrauen. Aus der Zeit nach 1000 stellt er vier Männer vor: drei Ordensgründer und einen Bischof, nämlich Bernhard von Clairvaux, Franz von Assisi, Dominikus und Thomas von Canterbury, und nur eine Frau: Elisabeth von Thüringen. Die Relationen – 122 zu 25 bzw. 4 zu 1 – zeigen, daß Frauen schlechtere Chancen als Männer hatten, heiliggesprochen zu werden.

Elisabeth – weder Jungfrau noch Märtyrerin – wurde deshalb so schnell als Heilige anerkannt, weil sie als herausragende Frau ihre Zeitgenossen beeindruckt hatte. Worin bestand ihre Größe?

Zunächst: Elisabeth zählte nicht zu den Menschen, die „Erfolg" hatten. Sie hat keine Anhänger um sich geschart wie der ihr so nahestehende Franz von Assisi, kein Werk hinterlassen, dem für Jahrhunderte Dauer beschieden gewesen wäre. Der Tod nach nur dreijährigem Wirken in ihrem Marburger Spital bedeutete ein Scheitern. Auch im Scheitern konnte sie sich in der Nachfolge Jesu sehen.

Schwankend zwar und tastend, im Kern jedoch unbeirrt und selbständig, gab Elisabeth in einer Zeit religiösen Suchens ein Beispiel weltnahen Christentums. Ihr Leben war ein weithin sichtbares Zeichen, an dem sich viele ihrer Zeitgenossen in ihren Nöten und in ihrem Suchen nach einem besseren Leben orientieren konnten. Elisabeth zeigte, daß die Rückbesinnung auf die uralten Normen der Evangelien revolutionäre Sprengkraft freisetzen konnte. Sie und die ihr Gleichgesinnten trugen durch ihr Leben zur inneren Christianisierung des Abendlandes bei. Mit der Kanonisierung Elisabeths wurden auch jene anonym gebliebenen Frauen geehrt, die vor ihr, gleichzeitig mit ihr und nach ihr, manche durch ihr Beispiel aufgerüttelt, ein Leben der Arbeit in freiwilliger Armut führten, bekleidet mit dem schmucklosen grauen wollenen Gewand, wie es auch die Mitglieder des Dritten Ordens des Franz von Assisi und die Beginen trugen. Sie bewiesen, daß die Suche nach dem Heil nicht ein Monopol des männlichen Geschlechts war. Als „Schwestern in der Welt" wanderten sie auf dem schmalen Grat zwischen der Ketzerei und den bestehenden Orden.

Elisabeth verband ein aktives mit dem kontemplativen Leben, sie brachte die Gebote der Nächsten- und der Gottesliebe in Einklang. Es bleibt rätselhaft, woher sie Kraft und Mut nahm, sich im Alleingang gegen starke Widerstände durchzusetzen, wie sie die Selbstverleugnung aufbrachte, um Demütigungen durch einen Mann wie Konrad von Marburg heiter zu ertragen. Kraft eines besonderen Charismas zeigte sie, daß es möglich war, Forderungen des Evangeliums wörtlich zu nehmen. Als Glied der kirchlichen Armutsbewegung ihrer Zeit überließ Elisabeth es nicht häretischen

Randgruppen, ein Dasein nach dem Vorbild der Apostel vorzuleben. Gestalten wie Franz von Assisi und Elisabeth blieben *in* der Kirche. Durch ihr Beispiel machten sie die christliche Religion wieder glaubwürdig, ohne den Rahmen der Großkirche zu sprengen.

In jeder revolutionären Neuorientierung liegt die Gefahr der Verabsolutierung, und das heißt immer auch der Verfälschung der neugewonnenen Einsicht, der Abwendung vom Bewährten. Es verdient daher hervorgehoben zu werden, daß Elisabeth in erster Linie nicht an andere Menschen Forderungen gestellt hat, sondern an sich selbst. Wort und Tat stimmten bei ihr überein. Wenn sie auch gelegentlich versucht hat, Menschen gewaltsam zum Heil zu führen, so hat sie den eigenen Standpunkt doch nicht zum alleinseligmachenden erhoben. Ihrem Mann und ihren älteren Kindern hat sie die Freiheit eingeräumt, sich für eine andere Lebensform zu entscheiden.

Anders als bei ihrem Zeitgenossen Franz von Assisi oder dem als häretisch exkommunizierten Lyoner Kaufmann Valdes ist in ihrem Leben kein Bruch zu beobachten. Elisabeth hat in frühester Kindheit die elementare Erfahrung gemacht, fremd zu sein; vielleicht erklärt sich mit dieser Erfahrung, daß sie so wach war für die Zeichen der Zeit, daß sie ein ungewöhnliches Gespür besaß für soziale Nöte. Sie kannte und liebte die Freuden des Fürstenhofes, der Ehe, der Familie. Ekelgefühle und Berührungsängste hinter sich lassend, wußte sie aber auch Armen, Kranken, Debilen persönlich zu dienen. Viele ihrer Verhaltensweisen bei diesem Dienst stehen in krassem Widerspruch nicht nur zu bürgerlichen Vorstellungen, sondern auch zu den Anschauungen ihrer Umgebung, ihrer Dienerinnen zum Beispiel. Elisabeth hat in ihrem kurzen Leben ungelöste Fragen, die Spannung zwischen größter Freude und schwerster Demütigung durchgestanden, oft durchgelitten, sie jedenfalls nicht umgangen. Vielleicht hat diese Spannung ihren frühen Tod mitbewirkt.

Einzigartigen Rang erhielt Elisabeth dadurch, daß sie sich als Angehörige des Hochadels rastlos um ein Leben apostolischer Einfachheit und Geradlinigkeit bemühte. Sie stand damit vor viel schwierigeren Aufgaben als Frauen in weniger exponierter Stellung. Radikal durchbrach sie die Grenzen ihres Standes, den sich daraus ergebenden Konflikten ist sie nicht ausgewichen. Als sie mit ihrem Protest gegen Mißstände der feudalen Gesellschaftsordnung auf Widerstände stieß, hat sie sich nicht ins Private oder in die Resignation zurückgezogen, sondern das als richtig Erkannte getan: Die Frage nach der Herkunft der Speisen bedeutete einen täglichen gewaltlosen, unbequemen Protest gegen die Mächtigen. Elisabeth zeigte, daß sie nicht nur Herausforderungen ihrer Zeit erfaßt hatte, sondern auch den einzigen Weg zur Veränderung kannte: Wer die Verhältnisse zum Besseren wenden will, muß *in* der Gesellschaft leben und handeln, er darf nicht „aussteigen". In ihrem sozialen Wirken provozierte Elisabeth Haß. Im Dienst am Armen erniedrigte sie nämlich sich und damit die ganze höfische Gesellschaft; wenn sie Geschwüre küßte, so erhob sie in dem einen Aussätzigen alle Rechtlosen, Verachteten, Geschmähten. Das bedeutete in den Worten der Zeit eine Umkehrung der gottgewollten Ordnung – den Großen in Kirche und Gesellschaft gleichermaßen suspekt, auch wenn solche Revolution programmatisch im „Magnificat" verkündet worden war.

Elisabeth hat den Freiheitsraum, den die Gesellschaft ihrer Zeit der Frau zuzubilligen bereit war, ausgeweitet und bis zum äußersten zur Verwirklichung neuartiger Zielvorstellungen im Dienst an den Entrechteten genutzt. Sie hat nicht einen Orden oder eine weltweite Bewegung ins Leben gerufen, auch kein abstraktes Hilfsprogramm entworfen, sondern für die gewirkt, die ihr die „Nächsten" waren,

z. B. für die Armen der Marburger Region. Als Landgräfin und später als Spitalleiterin nutzte sie ihre Stellung zur Hilfeleistung in der Not, in die Einzelne oder Gruppen geraten waren. Sie begnügte sich nicht mit dem üblichen Almosengeben, sondern leistete Hilfe zur Selbsthilfe.

Durch die Beschränkung ihrer Hilfsmaßnahmen auf die Menschen ihrer unmittelbaren Umgebung und durch ihr kurzes Leben war es Elisabeth möglich, kompromißlos ihre Vorstellungen zu verwirklichen. Eine große Jüngerschar und ein längeres Leben haben Franz von Assisi dazu gezwungen, seine Regel so zu „entschärfen", daß sie für die Vielen praktizierbar wurde.

Elisabeth war freigebig bis zur Verschwendung. Andererseits darf man hinter ihren Spitalgründungen das Streben sehen, Hilfe langfristig und institutionell abzusichern. Daß sie überhaupt Spitäler gründete und selbständig leitete, war ein Novum; vorher war das Sache der Geistlichkeit, allenfalls städtischer Kommunen oder des Adels gewesen. Mit Spitalgründungen öffnete sie der weiblichen Caritas feste Stätten. Bis dahin war die Armen- und Krankenpflege fast ausschließlich das Werk von Männern gewesen.

Auch wenn Elisabeth sozial deklassierende Arbeiten übernahm, war und blieb sie Fürstin. Sie überragte weit ihre Mitmenschen. Der Nachwelt ist sie als liebevolle Landgräfin und große Wohltäterin in Erinnerung geblieben, wie Legenden zeigen, die sich später um ihr Leben rankten. Legendenhafte Ausschmückungen und die Werke der bildenden Künste neigten zur Harmonisierung und verzichteten darauf, das Skandalöse, Ärgernis- und Anstoßerregende ihres Wesens aufzuzeigen.

Geschichtliche Größe wird oft damit begründet, daß Inhaber politischer Macht die eigene oder die Größe ihres Volkes mit den Leiden von Unzähligen erkaufen. Elisabeths Größe – wenn man ihr Größe zubilligen will – bestand darin, daß sie sich den Leidenden und Entrechteten zuwandte, in deren Leben Licht und Freude brachte, den Mühseligen und Beladenen Hilfe, Hoffnung und Trost schenkte. Selbstverwirklichung nicht auf Kosten, sondern im Dienst anderer – darin hat Elisabeth von Thüringen über die Jahrhunderte beispielgebend gewirkt.

Zeittafel

1205–1235	Andreas II., König von Ungarn (geb. etwa 1176), Vater Elisabeths.
1205	„Bekehrung" des Franz von Assisi († 1226, kanonisiert 1228).
1208	Verlobung Elisabeths mit Ludwig IV. (geb. 1200).
1211	Elisabeth kommt nach Eisenach an den Landgrafenhof.
1213	Elisabeths Mutter Gertrud, Königin von Ungarn, ermordet.
1217	Tod Landgraf Hermanns I. Beginn der selbständigen Regierung Landgraf Ludwigs IV.
1221	Vermählung Elisabeths und Ludwigs.
1222	Geburt Hermanns, des späteren Landgrafen Hermanns II. († 1241).
1222	Reise Elisabeths und Ludwigs nach Ungarn.
1224	Geburt Sophies, der späteren Herzogin von Brabant († 1275).
1224	Ludwig IV. gelobt seine Beteiligung am Kreuzzug.
1225	Elisabeth weist Franziskanermönchen (seit 1221 in Deutschland) eine Kapelle in Eisenach zu.
1226	Gehorsamsgelübde Elisabeths gegenüber Konrad von Marburg.
1226	Hungersnot in Deutschland. In Abwesenheit Ludwigs speist Elisabeth Arme und läßt unterhalb der Wartburg ein Spital einrichten.
1227 Sept., 11.	Tod des Landgrafen Ludwigs IV. auf dem Kreuzzug in Otranto.
1227 Sept., 29.	Geburt Gertruds, der späteren Äbtissin des Klosters Altenberg bei Wetzlar († 1297).
1227/28 Winter	Elisabeth verläßt die Wartburg.
1228 Karfreitag	Entsagungsgelübde Elisabeths.
1228 Frühjahr	Elisabeth in päpstlichen Schutz genommen.
1228 Frühjahr	Elisabeth über Kloster Kitzingen, Bamberg nach Burg Pottenstein, dort festgesetzt.

1228 Mai	Beisetzungsfeierlichkeiten für Landgraf Ludwig IV. in Kloster Reinhardsbrunn.
1228 Spätjahr	Elisabeth nach Marburg, dort Bau eines Spitals.
1231 Nov., 17.	Tod Elisabeths.
1233	Ermordung Konrads von Marburg (seit 1231 Ketzerrichter).
1235 Pfingsten	Heiligsprechung Elisabeths durch Papst Gregor IX.
1235 Aug., 15.	Grundsteinlegung zum Bau der Elisabethkirche in Marburg (Ostchor 1249/50 fertig, Weihe der Kirche 1283).
1236 Mai, 1.	Feierliche Übertragung der Gebeine Elisabeths im Beisein Kaiser Friedrichs II.

Quellen und Literatur

Die wichtigsten Quellen zur Geschichte Elisabeths wurden herausgegeben von:

A. Huyskens: Quellenstudien zur Geschichte der hl. Elisabeth, Landgräfin von Thüringen, 1908 (enthält u. a. das Schreiben Konrads von Marburg an den Papst mit dem kurzen Lebensabriß Elisabeths, die Aussagen der Dienerinnen, die Protokolle von den Wundern).

Ders., Hg.: Der sog. Libellus de dictis quatuor ancillarum s. Elisabeth confectus, 1911.

Ders., Hg.: Die Schriften des Caesarius von Heisterbach über die heilige Elisabeth von Thüringen, in: Die Wundergeschichten des Caesarius von Heisterbach, hg. von A. Hilka, 3, 1937.

Das Leben des Heiligen Ludwig, Landgrafen in Thüringen, Gemahls der Heiligen Elisabeth, nach der lateinischen Urschrift übersetzt von Friedrich Ködiz von Salfeld, hg. von H. Rückert, 1851.

Cronica Reinhardsbrunnensis, hg. von O. Holder-Egger, in: Monumenta Germaniae Historica, Scriptores 30,1.

Hessisches Urkundenbuch, 1. Abt.: Urkundenbuch der Deutschordens-Ballei Hessen, hg. von A. Wyss, 1, 1879.

Übersetzungen wichtiger Quellen wurden vorgelegt von:

L. Maril: Elisabeth von Thüringen. Die Zeugnisse ihrer Zeitgenossen. 1961.

W. Nigg, Hg.: Elisabeth von Thüringen (Heilige der ungeteilten Christenheit), 2. Aufl. 1967.

Elisabeth von Thüringen. Die Mutter der Armen. Mit einem Essay von Walter Nigg. Freiburg i. B. 1979 (vorzügliche Zusammenstellung von Bild- und Textquellen).

Zur Persönlichkeit Elisabeths vgl.:

R. Schneider in: Die Großen Deutschen 1, 1956; A. Borst in: NDB 4, 1959; E. Dinkler-von Schubert in: TRE 9, 1982.

Die Ausstellung zum 750. Todestag der hl. Elisabeth in Marburg (1981/82) wurde ergänzt durch den Band:

Sankt Elisabeth. Fürstin, Dienerin, Heilige. Aufsätze, Dokumentation, Katalog. Hg. von der Philipps-Universität Marburg in Verbindung mit dem Hessischen Landesamt für geschichtliche Landeskunde. 1981. Der Autor weiß sich den wissenschaftlichen Beiträgen dieses sorgfältig gestalteten, ungemein vielseitigen und anregenden Buches verpflichtet.

Nach Abschluß des Manuskriptes erschienen:

Elisabeth, der Deutsche Orden und ihre Kirche. Festschrift zur 700jährigen Wiederkehr der Weihe der Elisabethkirche Marburg 1983. Hg. im Auftrag der Philipps-Universität Marburg von Udo Arnold und Heinz Liebing. (Quellen und Studien zur Geschichte des Deutschen Ordens, Bd. 18.) 1983.

700 Jahre Elisabethkirche in Marburg: 1283–1983. Ausstellungen 30. April bis 31. Juli 1983. Träger: Ausstellungsgesellschaft Elisabeth von Thüringen. Katalog in acht Teilbänden. 1983.

PERSÖNLICHKEIT UND GESCHICHTE

Biographische Reihe im MUSTER-SCHMIDT VERLAG GÖTTINGEN

Begründet von Gustav Adolf Rein und Günther Franz · Herausgegeben von Prof. Dr. Günther Franz

1. Peter Rassow
   Karl V.
2. Hellmuth Rößler
   Reichsfreiherr vom Stein
3. Werner Hahlweg
   Carl von Clausewitz
4. Paul Wentzke
   Heinrich von Gagern
5. Ernst Schröder
   Krupp
6. Hermann Teske
   Colmar von der Goltz
7. Friedrich v. Boetticher
   Schlieffen
8. Georg v. Rauch
   Lenin
9. Franz Hampl
   Alexander der Große
10. Hans Oppermann
    Caesar
11. Willy Andreas
    Richelieu

12./12a. Michael Salewski
Tirpitz

13. Karl Jordan
    Friedrich Barbarossa
14. Rudolf Buchner
    Maximilian I.
15. Robert v. Roosbroeck
    Wilhelm von Oranien
16. Friedrich Bülow
    Friedrich List
17. Gustav Hilger
    Stalin

18./19. Martin Göhring
Napoleon I.

20. Friedrich Vittinghoff
    Kaiser Augustus

21./22. Walter Görlitz
Adolf Hitler

23. Heinrich Schnee
    Rothschild
24. Hans v. Rimscha
    Katharina II.
25. Charles Verlinden
    Kolumbus

26./27. Wilhelm Schüßler
Wilhelm II.

28. Joseph Fleckenstein
    Karl der Große
29. Walther Kirchner
    Alba
30. Waldemar Besson
    Friedrich Ebert
31. Otto Wolff
    Mahatma Gandhi
32. Erich Marcks
    Hindenburg
33. Johannes Paul
    Gustav Adolf
34. Hans Martin Schaller
    Kaiser Friedrich II.
35. Manfred Hellmann
    Iwan der Schreckliche
36. Felix Hirsch
    Stresemann
37. Hans Rudolf Kurz
    General Henri Guisan
38. Heinz Lehmann
    Jawaharlal Nehru.
39. Thilo Vogelsang
    Kurt von Schleicher

40./41. Peter Stadler
Karl Marx

42. Hans Bott
    Th. Heuss in seiner Zeit
43. Maurice Baumont
    Aristide Briand
44. Ernst Schraepler
    August Bebel
45. Herbert Matis
    Hernán Cortés
46. Alexander Novotny
    Franz Joseph I.
47. Burkhart Schneider
    Pius XII.
48. Joachim Staedtke
    Johannes Calvin
49. Günter Richter
    Friedrich von Holstein
50. Friedr. Wilh. Kantzenbach
    Albert Schweitzer
51. Eilert Lohe
    Heinrich Brüning
52. Friedrich Heine
    Kurt Schumacher

53. Ulrich Czisnik
Gustav Noske

54. Peter Heintel
Hegel

55. Arthur E. Imhof
Bernadotte

56. Sigfrid v. Weiher
Werner von Siemens

57. Hans Meier-Welcker
Dionysios I.

58./59. Erhard Oeser
Kepler

60./61. Heinrich Grimm
Ulrich von Hutten

62. Klaus Schwabe
Th. W. Wilson

63./64. Johannes Paul
E. M. Arndt

65. Gerhard Oestreich
Friedrich Wilhem

66./67. Ernst R. Sandvoss
Platon

68. Friedr. Wilh. Kantzenbach
Martin Luther

69. Walter Görlitz
Karl Dönitz

70. Hellmuth G. Dahms
Francisco Franco

71. Herbert Pönicke
August der Starke

72. Bernhard-Maria Rosenberg
Nicolaus Copernicus

73. Urs Brand
Jean Jaurès

74./75. Fritz Büsser
Huldrych Zwingli

76./77. Peter Gosztony
Miklos Horthy

78. Hartmut Steinbach
Jeanne d'Arc

79./80. Peter Berglar
Metternich

81. Walter Birnbaum
Sokrates

82. Fritz Schachermeyr
Die Siege der Perserkriege

83. Walter Grundmann
Jesus von Nazareth

84./85. Dietrich Aigner
Churchill

86. Julius H. Schoeps
Theodor Herzl

87./88. Peter Berglar
Konrad Adenauer

89./90. Ernst R. Sandvoss
Gottfried Wilhelm Leibniz

91./92. Hans Tümmler
Goethe als Staatsmann

93. Friedrich Schildberger
G. Daimler und K. Benz

94./95. Werner Paravicini
Karl der Kühne

96./97. Gerhard Oestreich
Friedrich Wilhelm I.

98. Gerhard Hinz
Peter Joseph Lenné

99./100. Klaus Malettke
Jean-Batiste Colbert

101./102. Andreas Hillgruber
Otto von Bismarck

103./103a. Günther Lottes
Elisabeth I.

104./104a. Ernst Schulin
Walther Rathenau

105./106. Detlef Junker
Franklin D. Roosevelt

107. Lorenz Mikoletzky
Kaiser Joseph II.

108./109. Egon Boshof
Heinrich IV.

110. Adam Wandruszka
Maria Theresia

111./112. Eike Wolgast
Thomas Müntzer

113. Karlheinz Blaschke
Kurfürst Moritz von Sachsen

114./115. Norbert Ohler
Elisabeth von Thüringen

116./117. Leo Haupts
Graf Brockdorff-Rantzau

Die Reihe wird fortgesetzt!

MUSTER-SCHMIDT VERLAG · GÖTTINGEN · ZÜRICH